Parus dans la collection « Paroles »

Les contes des mille et une ères, Oro Anahory-Librowicz
Planète rebelle, Montréal 2003

Portraits en blues de travail, Jocelyn Bérubé
Planète rebelle, Montréal 2003

Les Dimanches du conte. Déjà 5 ans, collectif
Les conteurs du Sergent recruteur
Planète rebelle, Montréal 2003

Il faut prendre le taureau pas les contes!, Fred Pellerin
Planète rebelle, Montréal 2003

Raconte-moi que tu as vu l'Irlande, Mike Burns
Planète rebelle, Montréal 2003

Les jours sont contés. Portraits de conteurs,
Danielle Bérard et Christian-Marie Pons
Planète rebelle, Montréal 2002

Delirium Tremens, Jean-Marc Massie
Planète rebelle, Montréal 2002

Le bonhomme La Misère, Denis Gadoury
Planète rebelle, Montréal 2002

Terre des pigeons, Éric Gauthier
Planète rebelle, Montréal 2002

Les contes de la poule à Madame Moreau, Claudette L'Heureux
Planète rebelle, Montréal 2002

Paroles de terroir, Jacques Pasquet
Planète rebelle, Montréal 2002

Dans mon village, il y a belle lurette…, Fred Pellerin
Planète rebelle, Montréal 2001

Contes coquins pour oreilles folichonnes, Renée Robitaille
Planète rebelle, Montréal 2000

Ti-Pinge, Joujou Turenne
Planète rebelle, Montréal 2000

Ma chasse-galerie, Marc Laberge
Planète rebelle, Montréal 2000

Hold-up! Contes du Centre-Sud, André Lemelin
Planète rebelle, Montréal 1999

Tant d'histoires autour des seins

COLLECTION « PAROLES »

Planète rebelle

Fondée en 1997 par André Lemelin

6742, rue Saint-Denis, Montréal (Québec) H2S 2S2
Téléphone : (514) 278-7375 – Télécopieur : (514) 278-8292
Adresse électronique : info@planeterebelle.qc.ca
Site web : www.planeterebelle.qc.ca

Directeur littéraire : André Lemelin
Révision : Janou Gagnon
Correction : Marie-Claude Gagnon
Conception et photographie de la page couverture : Tanya Johnston
Illustrations : Guth Desprez
Mise en pages : Tanya Johnston
Impression : Imprimerie Gauvin ltée

Les éditions Planète rebelle bénéficient des programmes d'aide à la publication
du Conseil des Arts du Canada (CAC), de la Société de développement des
entreprises culturelles du Québec (SODEC) et du « Gouvernement du Québec –
Programme de crédit d'impôt pour l'édition de livres – Gestion SODEC ».

Distribution en librairie :
Diffusion Prologue, 1650, boul. Lionel-Bertrand
Boisbriand (Québec) J7H 1N7
Téléphone : (450) 434-0306 – Télécopieur : (450) 434-2627
Adresse électronique : prologue@prologue.ca
Site web : www.prologue.ca

Distribution en France :
Librairie du Québec à Paris, 30, rue Gay-Lussac, 75005 Paris
Téléphone : 01 43 54 49 02 – Télécopieur : 01 43 54 39 15
Adresse électronique : liquebec@noos.fr

Dépôt légal : 3e trimestre 2003
Bibliothèque nationale du Québec
Bibliothèque nationale du Canada
ISBN : 2-922528-41-3

Tant d'histoires autour des seins

Planète rebelle

TABLE DES MATIÈRES

INTRODUCTION

Ces récits et contes sont issus d'un concours d'écriture, «La Sein phonie des mots ». Une invitation aux femmes et aux hommes à partager leur imaginaire, leurs émotions, à raconter des histoires de romance, d'amour, de maladie, de nudité, érotiques, maternantes... bref des histoires réelles ou inventées, qui se déploient telle une vibrante symphonie.

Vingt ans d'intervention en santé des femmes et neuf ans en dépistage du cancer du sein nous ont donné un accès privilégié à l'intimité des femmes. Nous avons entendu un grand nombre d'histoires que nous aurions voulu transmettre. L'objectif du concours était de permettre de dire tout haut ce que plusieurs d'entre nous vivent en toute intimité.

De là l'idée de lancer ce concours à Montréal. Il s'est vite envolé aux quatre coins du Québec, au Labrador, en Europe, en Asie.

Plus de cent personnes, en majorité des femmes, nous ont fait parvenir un texte. Pour certaines, ce concours aura été le début d'un processus de guérison, pour d'autres un processus de création, pour d'autres encore, une occasion de se rappeler, ou un rituel de passage...

Quand nous intervenons en cancer du sein, il nous semble essentiel d'aborder l'histoire des femmes et de leurs seins. De parler de la place que les seins occupent socialement et individuellement. Pour nous, le cancer du sein s'inscrit dans l'histoire. Les seins sont «lourds» de sens et investis de diverses manières, selon la famille, la région, le pays, le continent, la religion, les médias et le système médical en place. Des femmes nous confient leurs histoires. Ces récits nous rappellent constamment comment l'environnement influence la façon dont on perçoit le corps et les seins. Certaines cultures accordent une grande importance aux seins maternels alors que d'autres en valorisent plutôt le côté érotique et esthétique. Dans toute l'histoire de l'humanité, on parle de seins, on les peint, on les décrit, on les rêve, on les modèle, on les vénère. Certaines religions et croyances attribuent la création du monde aux seins d'une déesse. On croyait alors que le monde avait commencé par une goutte de lait.

Toutes ces images et ces symboles sont ébranlés, et plus encore, lorsqu'on apprend qu'une femme a un cancer du sein. Pour plusieurs, le cancer du sein, comme tous les cancers, fait peur. Il rappelle notre vulnérabilité, notre finitude, notre humanité. Cette maladie bouleverse tout le quotidien. Elle mobilise temps, énergies, objectifs, sorties, environnement...

Toutes ces réalités stimulent la table d'information sur le dépistage du cancer du sein de Relais-femmes à proposer des ateliers, des concours, des réflexions, des événements, afin de créer des espaces d'échanges, de partages et d'information. Nous faisons de l'animation dans les lieux communautaires, dans les institutions publiques, dans les entreprises privées.

Nous voulons remercier les femmes et les hommes qui ont participé au concours. Toutes et tous ont enrichi notre expérience et notre réflexion. Merci également à l'ensemble de nos collaboratrices et collaborateurs qui ont rendu possibles ces événements, à savoir le concours de textes et la soirée de lecture «La Sein phonie des mots». Des textes gagnants ont fait l'objet d'une lecture publique à la Maison de la culture Plateau Mont-Royal en avril 2003. Le CD enregistré à cette occasion vous permettra de partager avec nous une partie de cette soirée.

Les droits d'auteur ont été cédés à Relais-femmes afin de soutenir ses actions. Nous voulons remercier tout particulièrement la maison d'édition Planète rebelle qui a appuyé dès le début le projet et qui a permis la publication des textes gagnants.

Johanne Marcotte et Renée Ouimet
Intervenantes
Table communautaire d'information en santé des femmes
et cancer du sein de Relais-femmes

J'aimerais dédier ce livre à ma nièce, Sophie,
qui a eu le malheur de perdre sa mère, décédée d'un cancer du sein.
Avec toute mon affection.

Marie-Fleurette Beaudoin
Éditrice

Écrire sur les seins

Ghislaine Séguin

Écrire sur les seins.
Que dire? Que faire? Par quoi commencer?
La sein-phonie des mots devient parfois
une symphonie des maux.

Le sujet est vaste, si universel,
mais en même temps si intime,
si secret, si touchant.
Chaque femme se sent concernée.
Car chacune a son sein et le sait.
Chacune a son sein et se tait.

Mon sein m'appartient et t'appartient le tien.
Les seins sont reliés à tout parce qu'ils sont attachés à nous.
Ils font partie de notre être, de notre identité.
Témoins discrets, témoins muets,
témoins cachés de nos délires, de nos dérives,
de nos déchirures, de nos démesures.

Pourtant, on essaie par toutes sortes de moyens
de nous en déposséder.

On essaie de les codifier, de les uniformiser,
de les normaliser, de les domestiquer,
de les chosifier, de les servir à la «sauce sexualité».

Car le sein est partout: au cinéma, dans les revues,
sur les panneaux publicitaires, dans les vidéoclips.
Il n'y en a que pour lui.

Étalé haut et fier, on le montre comme un ostensoir,
surtout s'il est bien rond, bien fait, bien en chair.

On voudrait nous limiter à nos seins, nous définir
par eux.

Mais le sein est plus que ça.
Le sein est aussi multiple que les femmes qu'il habite.
Alors le sein se révolte,
les maux dont il souffre expriment ce mal-être,
cet étouffement à se sentir brimé, limité.

Quant à moi, je n'ai pas le sein social, le sein idéal,
le sein normal.
J'ai plutôt le sein banal, le sein bancal, le sein minimal.
Pas assez évident, pas assez rebondissant.

Mais il est là, présent, vibrant,
frémissant à la moindre émotion.
Mes seins sont capricieux, ils sont secrets,
ils sont frileux.
Chair de ma chair, sang de mon sang.
Ils sont mon être, ils font mon temps.
Ils sont fidèles, ils sont vivants.
Au cœur de moi, ils sont la source de grands émois.
Émoi de naître adolescents, étonnés, apeurés, troublants.
Émoi d'accueillir un amant et d'être cueillis au printemps.
Émoi de nourrir un enfant...

Il y a des seins nourriciers et d'autres qui ont été sciés.
À coups de scalpel et de couteau, sur quel autel,
par quel bourreau ont-ils été sacrifiés avant
que d'être sanctifiés ?
Et qu'on puisse les proclamer :
sein, sein, sein, dieux de l'univers,
dieux de nos misères et des plaisirs éphémères,
redonnez-nous sur la terre la source tarie de nos mères,
notre sein, lieu de vie, de lumière.

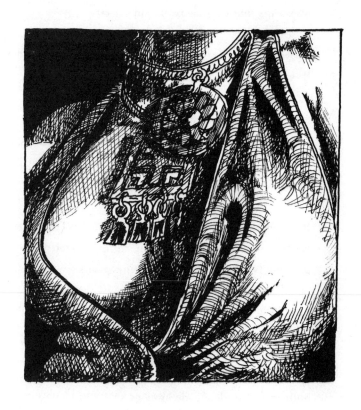

Belle comme une Apsara

Sandra St-Laurent

Comme la plupart des femmes, lorsque la puberté m'est tombée dessus avec, en prime, dix livres supplémentaires sur les hanches et les fesses, j'ai alors eu hâte d'avoir les seins qui, de toute évidence, feraient aussi partie du lot. De constitution délicate, je pouvais les espérer sans crainte, à l'opposé de mes camarades de classe plus précoces qui devaient souffrir tous les jours les remarques puériles des garçons sur leurs soutiens-gorge. À cet âge, c'est d'ailleurs à peu tout ce qu'ils soutiennent, la gorge et rien de plus substantiel.

Mais ces petits bouts d'hommes, on aurait dit qu'ils prenaient la poussée des seins des filles comme une provocation. Comme un défi narguant à l'égard duquel ils ne pouvaient rien faire d'autre qu'attendre. Ils craignaient peut-être, ce faisant, qu'on insinue qu'ils grandissaient mais se transformaient moins vite que les filles. La question mérite réflexion. Peut-être, donc, était-ce pour retenir leurs petites camarades plus longtemps dans la douceur de l'enfance qu'ils tiraient ainsi sur l'élastique de leurs soutiens-gorge. Effectivement, il n'y avait pas de presse à grandir. Nous savions toutes que cela viendrait bien assez vite...

On ne soupçonnera jamais assez l'importance du rôle de la récréation dans l'apprentissage des relations hommes-femmes. La cour d'école offre une occasion unique d'expérimenter la vie dans sa forme la plus directe, la plus vraie. On y retrouve d'effroyables exemples de préjugés, de moqueries, de mensonges et de violence. Par chance, on y apprend aussi la ruse, la diplomatie et la solidarité.

Par conséquent, au son de la cloche, lorsque tous les jeunes avançaient vers la porte avec le calme des jeunes troupeaux, on pouvait fréquemment entendre des paf! retentir dans les rangs. Parfois avec une vitesse telle qu'il était difficile de savoir s'il s'agissait d'une fille qui venait de se faire péter l'élastique de la brassière dans le dos, ou du son sec d'une gifle impétueuse claquant au visage d'un petit macho en puissance. Je crois bien que c'est dans la cour d'école que j'ai compris le potentiel poli-tique des seins et que j'ai fait mes premières armes en matière de féminisme.

Avez-vous réalisé, en effet, combien il est difficile d'aller se plaindre de ce genre de délit aux autorités d'une école primaire? Le seul fait de raconter une telle histoire, avec des mots d'enfant et des sobriquets popu-laires dissimulant mal une certaine méconnaissance des parties du corps, a pour conséquence de coller un grand sourire embarrassé sur le visage de tout adulte ainsi interpellé. Bref, de ces moments, je fus témoin ou Jeanne d'Arc, moi qui avais la chance d'avoir hérité d'une physionomie fragile, mais aussi d'un entêtement et d'une loyauté à toute épreuve envers mes copines.

Au chapitre de la connaissance des parties du corps et du vocabu-laire qui s'y rattache, je voudrais souligner l'importance de l'éducation familiale dans le rapport que toute jeune fille développera avec ses seins. Ma grand-mère m'avait déjà parlé en paraboles de petites pommes d'or qui grossissent, puis grossissent et grossissent encore plus, jusqu'à être prêtes à cueillir. Par chance, ma mère avait une tout autre perception de l'agriculture et de la façon d'élever ses enfants. Je crois qu'elle ne voulait pas que ses filles vivent ce qu'elle avait vécu et qu'elle croyait, tout comme mon père, à une éducation complète et sans cachotteries.

Ma brave mère s'amusait donc des réactions d'adultes chaque fois que, d'entrée de jeu, on me demandait ce que je voulais faire plus tard. Démontrant un sens de l'observation indéniable, je répondais du tac au tac que lorsque je serais grosse comme ma mère et que j'aurais du poil en dessous des bras, je serais infirmière comme elle. Ce n'est pas que ma mère était grosse, mais elle était plus grande que moi et, surtout, plus douillette car elle avait des seins.

Mes seins sont arrivés sans crier gare alors que j'étais étudiante de secondaire dans une école privée pour jeunes filles. Là, des seins, il y en avait des petits, des gros, des lourds, des pointus, des plats et des pas du tout. Il y en avait pour tous les goûts, comme on dit. Les miens, ils sont apparus au moment même où j'étais dans une période noire. Pas morose ni morbide, mais noire au même titre que Picasso avait ses périodes bleues et roses. Je ne portais que du noir et le soutien-gorge ne devait pas faire exception à la règle.

Or, sous la blouse blanche de mon uniforme, cela se remarquait et semblait particulièrement déplaire à la directrice de l'école qui y voyait un signe précoce d'anarchie et d'indiscipline. Il faut dire qu'elle parlait au nom de la Congrégation des Sœurs grises qui, manifestement, n'aimaient pas le noir.

Il faut dire aussi que pour des femmes de leur âge, les dessous noirs étaient réservés à un certain type de femmes. Je ne parle pas ici des veuves, mais bien de femmes d'âge mûr, non de jeunes pubères comme nous qui en étions à notre premier soutien-gorge. Ou encore, elles insinuaient que les dessous noirs étaient portés par des femmes exerçant une certaine profession libérale non recommandable et qui en faisaient leur marque de commerce. Quoi qu'il en soit, les soutiens-gorge noirs n'étaient pas bien vus dans cet établissement. Mais devant l'immense popularité de cette pratique, elles durent s'incliner pour éviter le ridicule.

Il m'arrive de croire que les seins ont réellement un potentiel de changement insoupçonné. On avait pensé à la couleur des bas, des souliers, de la cravate et du cardigan, mais pas à celle des brassières. Comme quoi, lorsque l'on tient à faire de la revendication, il peut être plus efficace de les porter et de les garder précieusement, plutôt que de les brûler sur la place publique.

Contrairement à ce qu'on pourrait croire, ces cinq années chez les Sœurs grises furent une merveilleuse pouponnière pour faire grandir mes seins en paix. Pas de compétition car, en pareil contexte, force était de constater que les années, voire les mois, ne pouvaient que bouleverser bien des paysages physiologiques et détrôner rapidement celles qui croyaient avoir atteint le podium du corset bien rempli. À l'abri de toute attention superflue et des vilains sarcasmes, mes seins connurent une relative et saine croissance.

Puis vint le moment fatidique de pousser ma poitrine vers d'autres horizons et de confronter mon physique discret au regard des hommes. Statistiquement parlant, je correspondais au quart de la population féminine qui craint ne pas avoir des seins de taille suffisante. J'eus la chance, heureusement, d'être entourée du quart qui trouvait sa poitrine trop abondante, puis de l'autre quart qui s'en foutait royalement.

Je n'avais pas encore rencontré le dernier quart mythique de celles qui trouvent qu'elles ont une poitrine parfaite. Je doute même qu'il s'agisse d'un quart, car mis en relation avec la question de la satisfaction de leurs fesses, de leurs cuisses ou de leur chevelure, ce dernier quart risque de ne présenter qu'une autre portion de grandes insatisfaites dont le sort n'est peut-être pas à envier, finalement. Ma chance venait donc du fait que j'étais une mordue de danse et que je partageais avec mes amies sportives l'avantage d'une poitrine qui ne dérangeait pas trop et qui s'accordait bien au type d'activités que nous menions.

Je pourrais donc dire que ce ne fut pas un si grand choc d'être mise en présence de la gent masculine. Ou peut-être ai-je eu la chance de rencontrer des jeunes hommes qui remarquaient d'abord les esprits plutôt que les corps. Cependant, je pouvais constater que ce n'était pas le cas pour tout le monde, et que l'éducation publique et mixte semblait plutôt faciliter les rencontres. Je dirais même que la popularité de certains cours n'avait parfois rien à voir avec le contenu ou la qualité de l'enseignement. Des parades magnifiques prenaient place tant dans les classes que dans les corridors. J'ai ainsi suivi mes premiers cours d'anthropologie humaine en observant des rituels flamboyants et complexes qui se tramaient entre la bibliothèque et la cafétéria. Des jeux subtils pleins de non-dits où les seins avaient justement le beau jeu. *The bigger the better*, disent les Anglais. Par chance, il y avait les autres qui disaient : *Small is beautiful*, et qui nous rappelaient avec soulagement que tous les goûts sont dans la nature, laissant de ce fait un peu d'espoir aux moins nanties.

Ce sont les cours d'histoire de l'art qui m'ont fait réaliser que j'avais la poitrine d'une Apsara cambodgienne. Ces merveilleuses danseuses aux seins en demi-sphères qui illustrent les murs des temples d'Angkor. Je découvrais donc avec stupeur que ma petite poitrine était historique et, qu'en Asie, j'aurais fait office de pin-up! Comme quoi le bustier du voisin semble toujours plus saillant!

Quelques années et quelques amants plus tard, j'ai enfin accepté mes seins tels qu'ils étaient: petits, ronds, chauds, et j'eus le bonheur de tomber sur une petite paire de mains qui les couvrait complètement et pleinement. Quelle joie! Je n'avais pas besoin d'un grand footballeur pour me pétrir la poitrine ni d'un Éole taquin pour me souffler dessus sans cesse. Mon bonheur était fait de petites choses. Aujourd'hui, je peux dire qu'il m'est moins étrange de parler de ma poitrine car elle est comme une bonne amie: on est passées ensemble par bien des choses et on s'en est bien sorties.

Comme je le disais, j'avais développé une relation symbiotique (sein-biotique) avec mon corps, au point d'en oublier mon corsage. Puis, un jour parmi ceux qu'inconsciemment nous craignons toutes, la réalité s'est fait sentir sous la forme d'un noyau dur logé sous mon aisselle droite. Malheur! Quelque chose s'était déréglé. Il s'agissait sûrement d'une erreur. Non. Impossible de l'ignorer plus longtemps. La gorge serrée, j'ai pris mon premier rendez-vous avec le système médical.

Vu mon jeune âge et la densité compacte de mes seins, il était impossible de me faire passer une mammographie. Évoluant dans une société où «il faut le voir pour le croire», on a dû ouvrir pour agir. À l'aube de mes vingt ans, je me suis retrouvée en petite jaquette bleue, dans l'immensité d'une salle d'opération aussi chaleureuse que puisse l'être une salle de tuiles blanches passées au désinfectant, afin que des spécialistes aillent faire du tourisme dans mon intimité.

C'est là qu'on m'a suspendue entre ciel et terre pour mieux cueillir une petite perle de vaisseaux sanguins de la grosseur d'un globe oculaire. Un gros œil triste qui s'est avéré bénin.

Mais le mal était fait et la peur avait fait son chemin dans mon petit bonheur. J'ai eu peur pour mon sein. Peur pour ma vie. Peur que cette horrible épée de Damoclès me tombe dessus et qu'elle entaille ma féminité. Je savais bien que la féminité était plus qu'un sein galbé. Seulement, je n'avais pas envie de devenir une Amazone malgré moi. Elles pouvaient bien se priver d'un sein pour être de meilleures archers, moi je réalisais brutalement que la mythologie ne m'intéressait pas tant que ça. Que j'étais en fait une pacifiste qui tenait à ses seins. Je voulais que mes seins servent un jour de refuge à mes petits, comme ceux de ma mère qui avaient accueilli jadis quelques-uns de mes chagrins.

Souvent, j'ai pensé être seule au monde devant ma petite cicatrice, pour ensuite découvrir d'autres femmes et jeunes femmes qui, comme moi, étaient passées par là. J'aurais tellement aimé connaître leur secret! M'appuyer sur leur sein ou leur cœur pour comprendre. Pour vaincre la peur. La peur de porter le soutien-gorge noir du deuil, cette fois. Il me semble que leur histoire m'aurait donné la force de passer par-dessus l'épreuve et qu'elle aurait aidé à dissiper mes cauchemars.

Puis l'expérience s'accumulant au même rythme que passent les années, on en vient à les collectionner, les cicatrices. Les visibles et les invisibles. Elles finissent par faire partie de nous, comme la coche dans le corps de pierre d'une belle Apsara.

Ce qui n'enlève rien à leur beauté!

Ces cicatrices ont leur histoire.
Elles se racontent parfois mais ne s'écrivent pas si souvent...

La vie en roses

Ghalia El Boustami

J'aime particulièrement ces roses au ton délicat... pêche? saumon? Une nuance subtile qu'on remarque à peine, comme les années heureuses. Celles où nous étions encore proches, complices.

— Mettez-m'en vingt-trois, Madame. Sans ces machins blancs, et aussi sans verdure, s'il vous plaît.

Une pour chaque année. À y réfléchir, j'aurais dû en prendre sept, pas plus. Et pour le reste? Peut-être trois ou quatre jaune – on dit jaune cocu, non? –, cinq ou six rouge intense pour la colère, peut-être une blanche, pour ce coin de moi-même intact, inviolable... Une rose blanche avec plein d'épines. Et pour l'indifférence? Ah, pourquoi n'existe-t-il pas de roses transparentes...

— N'oubliez pas votre monnaie, Madame Vandeuren... Quel temps, n'est-ce pas!

* * *

J'aurais tant apprécié qu'il m'offre des fleurs, aujourd'hui. Je m'use à lui répéter que j'aimerais en recevoir un jour, par surprise, juste comme ça. Pas seulement après une scène. Penses-tu! C'est chaque fois, mais chaque fois la même chose. Une dispute se termine, et le lendemain il y a des fleurs dans la maison. Une sorte de traité de paix. Le rameau d'olivier. Même les enfants le savent. Tout de même, pour notre anniversaire de

mariage, il aurait pu y penser. Mais je l'ai devancé. J'avais tellement envie de roses! En passant devant chez la fleuriste, elles ont attiré mon attention et je me les suis offertes. À moi-même. J'aurais dû le faire plus tôt, tiens. Ce vase est mieux que l'autre. Les roses ont besoin d'espace. L'air écrasé qu'elles avaient, c'était cruel.

* * *

Elle se plaint de recevoir moins de tendresse que le chat, mais le chat, il ne me fait pas de reproches, lui! Il ronronne toujours, quand je le caresse. Je rentre du travail, éreinté, pour être accueilli par un regard noir. Ça ne m'encourage pas à lui dire un mot gentil. C'est elle qui devrait me «ménager», comme elle dit, car c'est moi qui me fatigue pour que nous puissions vivre à l'aise. Certainement pas elle. Ses allures trompeuses de femme indépendante me foutent en boule. Tiens, elle a acheté des roses. Pourquoi elle me regarde comme ça?

— J'ai raté quelque chose?

— C'est notre anniversaire de mariage, aujourd'hui.

Merde. C'est vrai, j'ai oublié. Qu'est-ce que je fais, je vais tout de même pas m'excuser. Elle sait bien que les fleurs, ce n'est pas mon truc. Elle joue les victimes, maintenant.

— Tiens, c'est vrai.

Vite, le journal. Pas envie de discuter. Je vais faire l'autruche.

* * *

Ça y est, le coup du journal. Je l'aurais parié. Et il ne m'a pas embrassée, même aujourd'hui. Avant, nous sortions en amoureux. Aujourd'hui, on reste à la maison, et pendant qu'il regarde la télé, je nettoie les traces du repas que je me suis échinée à préparer, avalé en vingt minutes et pour lequel je récolte tout juste un : « merci chérie » machinal. J'aurais mieux fait de cuire des nouilles.

— À table ! Mais... où tu vas, Estelle ?

— Chercher le ketchup. J'aime pas la sauce hollandaise.

— Ton père aime bien.

— Oh, pour moi, il ne faut rien préparer de spécial, chérie.

Le voilà qui prend son ton mine de rien : moi-je-ne-veux-déranger-personne. Tu parles, si ce que j'ai cuisiné ne lui a pas plu, il boude toute la soirée !

— Pourquoi tu fais cette tête-là, maman ?

— C'est vrai, chérie, après tout c'est notre anniversaire de mariage.

* * *

— Papa, maman, je peux prendre la voiture, ce soir ?

Les enfants ont grandi si vite. Aussi loin que ma mémoire remonte, j'ai été disponible pour eux. C'est ce que je voulais : être là, sans condition. Leur permettre de vivre, de s'épanouir. Offrir à ma fille une vie plus heureuse que la mienne. Et voilà qu'elle me dépasse, telle une étoile filante, je tombe à la renverse, je m'enfonce dans un trou sans fond, elle est déjà si loin qu'elle ne m'entend plus. M'entends-tu, Estelle ?

— Maman, j'ai demandé si je pouvais prendre la voiture. Papa est d'accord.

— Euh... Oui, nous n'allons nulle part, ce soir. Sois prudente sur la route.

— O.K. Et ne vous disputez pas, vous deux!

* * *

Et pourtant, j'avais tant de possibilités. C'est moi qui ai dactylographié son mémoire à la fin de ses études d'histoire, il l'oublie. J'avais déjà terminé la Philologie classique, moi. Avec grande distinction. Mais nous voulions une famille, le plus vite possible, et je me suis dit que les enfants étaient le plus important. J'ai arrêté de travailler du jour au lendemain. Un mi-temps était concevable avec un seul enfant, mais dès le deuxième, on passait pour une mère indigne. Comme une sotte, j'ai marché à fond. J'ai écouté les autres sans me demander ce que, moi, je voulais vraiment. J'ai effacé mon passé, rayé mon avenir. Je l'ai suivi, lui. Maintenant, il est trop tard. Je suis à sa merci. Ma fille ne fera pas la même erreur.

* * *

Si j'avais le choix, je ferais moins de voyages. Elle croit que c'est la récompense suprême pour moi, que je mène une vie de seigneur dans des hôtels de luxe, mais la vie de journaliste, c'est bien différent. Je resterais volontiers à la maison. Elle ne se rend pas compte qu'elle est mieux chez elle, sans stress, sans avions à prendre, sans décalage horaire;

sans devoir se farcir ministres suffisants, hommes d'affaires incultes et autres scientifiques monosyllabiques. Où sont mes cigarettes?

— Chérie, j'aurais besoin de chaussettes.

Trois chemises suffiront, je ferai laver le linge à l'hôtel.

— Tu peux me recoudre ce bouton, s'il te plaît?

Elle ne comprend pas que je lui laisse une liberté totale, il y a d'autres maris qui seraient jaloux. Elle a ses copines, sa chorale, son yoga, ses cinés. Je ne vois pas pourquoi je devrais être responsable de ses frustrations. Elle a toujours été comme ça, au fond.

— Chérie, je prends la salle de bain, demain je n'aurai pas le temps.

* * *

J'irai m'acheter des roses tous les jours, cette semaine. À part mon rendez-vous chez la gynéco, mon agenda est désert. Qui peut m'expliquer pourquoi l'air est plus respirable, les couleurs plus intenses, plus vibrantes quand il n'est pas là? Demain, j'appellerai Matthieu en Angleterre, il n'y aura personne pour me tirer la tête parce que c'est trop cher. C'est mon fils, après tout. Puis je ferai du shopping avec Nicole et Mireille. Nous irons dans des magasins convenables, j'en ai assez de faire les soldes et les puces. À mon âge, se montrer à l'Armée du Salut, c'est indécent. La dernière fois que je me suis forcée à acheter un vêtement sans lorgner au préalable sur l'étiquette du prix – une blouse de satin violet avec quelques discrets boutons de nacre – il m'a dit que c'était irresponsable de mener un train de vie pareil. J'ai eu droit à un discours sur la mondialisation, le déséquilibre Nord-Sud, l'exploitation des femmes et des enfants dans l'industrie textile, les ressources pétrolières qui s'amenuisent.

Cette fois-là, je me suis tellement fâchée que le lendemain il m'a offert un énorme bouquet d'œillets rouges. Il a même parlé d'une petite sortie mais, dans ces circonstances, je n'en avais pas envie. Je lui aurais bien proposé de me laisser choisir un joli chapeau à la place, mais je n'ai pas osé. Ça épuise, les disputes. Heureusement, ce soir-là Estelle l'a accaparé avec son travail d'histoire. Au moins quelqu'un qui l'admire.

* * *

— Allô, chérie. Le vol s'est bien passé, un peu fatigant, ici il fait 32 degrés... Comment ça va?

Nous échangeons des banalités.

— Il fait froid, le chat a réapparu, Machin a téléphoné.

Il n'est jamais aussi attentionné que lorsqu'il est loin de nous. À la maison, il peut se passer des soirées entières sans qu'il enregistre notre présence; il ne remarque pas qu'Estelle a une mèche vert fluo, que je ne tousse plus. En voyage, il téléphone pour s'enquérir de nous. À croire qu'on lui manque.

* * *

Oui, je l'aime. Chaque fois que je pars en voyage, j'en prends conscience. L'excitation de la nouveauté, la douceur du climat, tout me rappelle les premiers moments. Mais elle ne le comprend pas. Elle se cantonne dans son rôle de femme blessée, et je ne peux l'atteindre. Je ne trouve pas les mots, les gestes qu'il faudrait. Ses attentes me bloquent, plus elle espère, moins je peux donner. Je me sens nul, inutile. Alors je me rabats sur mon boulot. Si elle pouvait être comme sa fille... Estelle est différente. Elle est née battante, et n'attend rien de personne.

* * *

— Installez-vous, Madame Vandeuren, le docteur vous recevra dans deux minutes.

Je n'attends jamais longtemps chez ma gynécologue. Elle s'organise bien, et surtout elle sait se mettre dans la peau de ses patientes. Ça m'inquiète quand même, cette petite induration à la poitrine qui me vaut toutes ces analyses. Moi qui étais venue pour une visite de routine.

— Madame Vandeuren, je vous prie.

Quelque chose ne tourne pas rond, on dirait qu'elle cherche ses mots, son sourire n'est pas rassurant, plutôt gêné. Qu'elle en vienne au fait !

— Rassurez-vous, Madame, actuellement il y a des traitements en douceur de plus en plus efficaces. L'important est de découvrir le mal à un stade précoce. Vous savez, les recherches les plus récentes indiquent qu'une femme sur douze sera atteinte de cancer du sein à un moment ou à un autre de sa vie.

* * *

Ma tête éclate. Je dois faire vacciner le chat, rempoter l'azalée, ôter mes bigoudis, assaisonner le ragoût, saluer la voisine, épousseter ma jupe, sortir mon âme des tiroirs, aérer mes amis, pleurer à chaudes larmes, courir dans le vent du soir, déblayer le grenier, m'asseoir sur un tas de décombres fumants.

Ensuite je pourrai rire, me rire de lui, me rire de tout! Balancer tout à la poubelle. Tout? Je regarde autour de moi.

Un chat qui dort, un frigo trop rempli, des années boules Quies, des enfants qui acquiescent, un mari qui s'en fiche; parfois, un brin d'herbe, une frêle pâquerette, une chaise bancale. Des extraits de compte, une bouilloire qui n'en finit plus de bouillir, un cœur qui n'en finit plus de souffrir. Un sein cancéreux.

Je vais mettre le mari à la porte, les enfants dans l'avion, l'azalée dans le pot, le chat sur le toit, mon cœur à sa place.

Le mari sur le toit, le chat dans l'avion, les enfants sur le pot, le cœur à la porte.

Cruising Bar

Marie Lagarde

Je vois des bras, des cuisses, des têtes, mais surtout des seins. Beaucoup de seins. Au gré des marées, les têtes se tournent et se retournent ; de nouveaux seins apparaissent alors que d'autres repartent.

Une abondante masse de limaces agglutinées bavent à la vue de cette mer ondulante de seins.

J'entends des vagues de moteur ; sur la terrasse déferlent des engins de la mer : corvettes, motos et cabriolets.
— Youhou ! interpellent les seins, nous sommes ici !
Maquereaux et autres poissons émergent. Les seins, telles des tentacules, agrippent leur regard et leur esprit. Médusée à la vue de ces seins, couronnée de perles, la faune aquatique flotte vers sa destinée.

À la tombée du soir, j'aperçois des seins amarrés à des pilotis poilus. Ces seins seront caressés par le vent la nuit durant et, au matin, repris par les flots de la vie quotidienne. Ces seins seront-ils de retour, jeudi prochain, pour un autre 5 à 7, ou auront-ils trouvé, parmi les limaces agglutinées, une parcelle de terre où se reposer ?

Mammaire

MICHELINE BEAUDRY

Elle sentait ses seins remplir les espaces creux que les soubresauts du train ouvraient devant elle. Ce mardi matin, les voyageurs étaient peu nombreux. Plusieurs avaient l'habitude de loger dans la ville hôte durant les jours travaillés. D'un œil distrait, elle balaya son entourage.

Installée confortablement dans le wagon de queue, elle l'avait vu monter et s'asseoir en vis-à-vis, près de la fenêtre, de l'autre côté de l'allée. Pas de passagers entre eux. Sur le siège vide à côté du sien, son sac à dos et sa veste en peau marron. La cinquantaine, peut-être ? Aussitôt le train démarré, il avait somnolé, semblant finir sa nuit. De temps en temps, il regardait de son côté... visant surtout ses seins avec de plus en plus d'assurance, à mesure qu'il pressentait son humeur de « moi non plus ».

Il avait le regard étonné de celui qui débouche soudainement dans une galerie du Baroque après avoir parcouru les salles austères de fresques du Moyen Âge. Ses yeux rayonnaient, couvrant son profil à gauche, et le reflet dans la vitre à sa droite. Elle n'avait aucun besoin de le dévisager ou de soutenir son regard. Juste se laisser bercer par le cahotement du train, juste s'abandonner un peu plus à sa demande.

L'œil darda à faire saillir les seins. Il les met au centre de la vie. Elle bougea lentement et sentit son opulente poitrine prendre les devants. Toute jeune, elle avait dû composer avec des glandes généreuses. Elle avait fait l'envie et le dégoût de la plupart de ses camarades de classe parce qu'elle ne pouvait pas se déplacer sans attirer les regards des garçons. Sauf Alexandra, sa meilleure amie, les autres filles étaient des concurrentes potentielles. Elle s'était habituée à porter des habits amples. Pas de décolleté, pas de chandail moulant, pas de... pas de... mais même à cela, ses seins avaient toujours joui d'une visibilité enviable.

Par la fenêtre du train, la lune s'effaçait dans un matin hésitant. Elle leva ses bras contre le siège avant et suspendit ses seins dans leur ampleur. Le train se chargea du mouvement. Son mince chandail bordeaux prêtait sa vaste poitrine aux yeux qui oscillaient dans la vitre. Sans doute, l'homme vit de profil la courbe gracieuse et se rinça l'œil. Il ne s'attarderait pas au visage qu'on a toujours dit ingrat. Il baissa les yeux vers les seins, entretenant avec eux un commerce impudent. Tandis qu'il tenait les yeux à demi fermés, la masse charnue dansait maintenant pour lui. Il la tint captive, agrandissant l'œil et durcissant le point focal.

Elle creusa un peu les reins en donnant de l'extension à ses bras levés et appuyés sur un siège vide. Les mardis matin, il n'y a pas foule. Sous sa paupière respectueuse, la traitait-il de salope? L'appelait-il par des noms obscènes et racoleurs? Les arbres qui défilaient le long de la voie ferrée caressaient ses seins de leurs branches nues. Elle aussi, maintenant, fixait dans la fenêtre froide le regard masculin qui faisait fondre ses dernières hésitations. Elle l'invitait à voir ses réjouissants reliefs. Elle se rengorgeait comme une tourterelle au soleil. En s'étirant, elle rehaussa l'enjeu. À peine plus d'espace que sous la couette de son lit et, pourtant, tous les fantasmes que l'aube ramène avec tant de mollesse.

Quand elle le vit reprendre sa somnolence, elle put tourner les yeux vers lui à son tour. Elle aimait son contour de visage, ses grands cils noirs et la découpe des lèvres qu'elle soupçonnait gourmandes. Il avait un pantalon sombre verdâtre et un col roulé noir. Elle se demanda s'il avait ciré ses chaussures avant de partir, et s'étonna d'avoir ce genre de préoccupation à l'égard d'un inconnu. S'enfonçant dans son siège, elle attendait qu'il ouvre de nouveau les yeux pour venir lécher ses seins comme un retour de vague... Alors, elle allumerait ses lampes et le phalène mordoré viendrait s'y frotter les ailes.

Le regard de l'homme insista. Il créa une bulle où tout est possible autant qu'impossible. Elle pouvait n'être ni touchée, ni déshabillée, ni ouverte, et toutes ces entraves augmentaient la tension entre eux. Les seins sont au cœur du festin de Babette. Lui ne la laissa fuir ni à gauche ni à droite. Il la contenait comme une rade, un voilier poussé par la tempête. C'est lui qui la retint sous les éclairages de son désir. Les seins se jouèrent côté cour et côté jardin... elle ouvrit une corne d'abondance et se pencha en avant pour faire admirer sa pleine poitrine. Elle déplia les courbes. La sueur coula de la racine de ses cheveux jusque dans son chandail bordeaux. Elle offrait à boire à celui qui lui faisait hommage de tant d'attention.

Un homme qui sait que les femmes existent... Un homme qui l'entraînait ce matin-là, dans une fiction échevelée où elle ne cherchait plus ses mots, comme cela lui était arrivé si souvent dans le passé. Il la dispensait de présentations pour la jeter toute crue au cœur de l'action. Elle ne sentait pas le besoin de préliminaires verbeux. Entre elle et lui, ce muet tête-à-seins. Elle sut, à partir de ce moment, que ni l'un ni l'autre ne franchiraient la distance des deux sièges vides.

Les yeux émergèrent de l'habit sombre de l'homme et se super- posèrent au paysage laissant défiler les petites maisons aux lueurs blafardes. L'éveil des corps inassouvis, les attentes de salle de bain et les déjeuners pris à la hâte. Ces familles agglutinées que le jour allait bientôt repêcher de la vague nocturne. Quand elle sera dans une maisonnette et que le train ne lui volera plus ses matins et ses soirs, elle nourrira les enfants qu'un homme lui aura faits.

Elle avait lu dans un livre que la grosseur idéale des seins d'une femme est ce que peut contenir la paume de la main d'un homme, le surplus étant inutile. Le regard de cet homme l'avait mise sur la longueur d'ondes d'un tout autre credo. Il était fasciné par son surplus. Il n'avait porté attention à aucune autre femme dans ce train ; il l'avait choisie, elle, juste elle. Elle était dans sa mire de chasseur qu'elle éclabous- sait largement. Ses seins bombés qu'elle avait vus ce matin, dans le miroir de sa chambre, avec cette voussure propre à elle et les tétons toujours dressés sous la traction du poids, elle les entrevoyait là dans l'étain du fond de l'œil obscurci.

Le plaisir qu'elle prenait à être bue des yeux l'étonnait. Ce plaisir grandissait à la pensée que les mains de cet homme pourraient alléger ses seins. Elle se sentait de plus en plus comme une femme dévoilée. Elle s'imagina remontant les berges lentement jusqu'à lui. Elle vérifia le petit éclat dans l'œil de la fenêtre. Il la vit balancer son corps en s'enfonçant dans la rivière. C'était l'été dans cette pupille. L'ambre inonda la scène.

Le jaune éclaté d'un matin de juin dorait les plis du vêtement transparent qui mettait en relief le paysage mammaire. Il était animé d'un ballottement harmonieux... elle revint à elle, toujours penchée, la tête entre les bras et les seins rebondis. Elle frotta doucement ses cuisses l'une contre l'autre dans sa grande jupe sombre. Le train, qui filait vers la journée de travail, aborda le tunnel.

Le tunnel, elle le connaissait bien pour l'avoir franchi tant de fois. Un bon kilomètre de clair-obscur. Les veilleuses qui s'allument. Les rêves qui se dissipent. Elle se sentit soudain inquiète... ne voyant plus le regard flottant qui se posait sur elle, il y a quelques instants encore. Elle craignit de l'avoir perdu alors qu'elle était toute à son plaisir. Elle demanda quelques minutes de sursis. Elle supplia qu'on lui rendît cet instant si parfait. Fermant les yeux pour ne pas être déçue brutalement à la sortie du tunnel. La lumière de nouveau. Le regard plus lascif que jamais. Elle trembla légèrement.

Il soupira et cette soudaine libération de tension la fit frissonner. La naissance des seins apparaissait à la lisière du corsage bordeaux dès le moindre mouvement. Un rayon de soleil réchauffa la vitre. Mater... mater...toutes les évocations s'animèrent. Elle avait la totalité des rondeurs et des cycles. L'ombre douce de la fente qui accroche les yeux, un appel où perdre les lèvres, un lointain écho du sein maternel. Il ne somnola plus. Prêt à s'engloutir dans la matrice pour renaître. Il sembla absorbé dans sa vision. Elle, apaisée, voyait dans la lueur des prunelles dilatées la coupole d'une petite église russe sise aux abords d'eaux immobiles.

Il ne connaîtra pas son prénom, mais tout de l'intimité de ses courbes. Les secousses du train annoncèrent l'avant-dernière gare. Elle se couvrit les épaules de l'écharpe de laine marron clair qu'elle avait tricotée durant les soirées d'un hiver trop long. La métropole était en vue. Elle se prépara à descendre dans la cohue de la Gare centrale, à l'heure de pointe. Le tourbillon des quais allait l'absorber. Elle serait machinalement éjectée du wagon. Séparée de lui par le va-et-vient de la foule. L'immense horloge en haut de l'escalier précipiterait sa course dans ce matin de novembre qui n'avait fait aucune promesse hormis le froid, la grisaille et l'ennui d'un trajet sans surprise.

Elle arpenta le trottoir à pas nerveux, serrant son sac sous ses seins qu'elle ne sentait plus, mis à part leur pesanteur. Elle arriva en face de l'ancienne Tour de la Bourse. Le tourniquet, l'ascenseur, les couloirs et l'odeur du café. Son équipe de travail l'attendait pour un *briefing* dans une salle de la façade nord.

(Sans titres)

KRISTINE CHOINIÈRE

Elle s'hexagone
Sur un sol
Dodécadent
Serpentant le silence

Elle a des sondes dans ses mamelons
Rosés, effilés
Crevassés
Son corps, jambe de bois
Titube
Ne se réhabilite pas

* * *

Suis femme de vitre
Mon corps lys
Tout étiré, mis à l'épingle
Me regarde dans la glace
Nu reflet
Celle lue
Sur mon support plastique

Suis née superficie
Ciel m'éprouve
Conception

Suis *in vitro*
Mon corps suant
Tout façonné, mis au coucher
Vie d'interférence
Dévaluée
Mes seins sécrètent
Des cellules mortes

Suis femme cassante
Me contorsionne

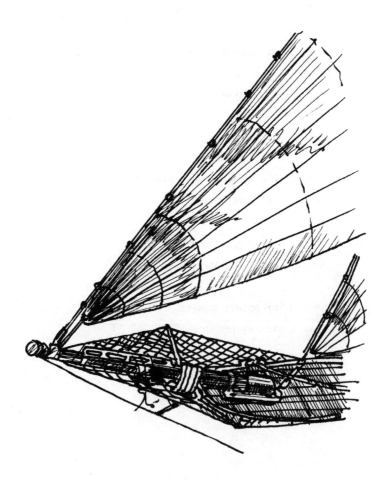

L'Extraterrestre

GABRIELLE OUIMET

(8 ANS)

Il était une fois un extraterrestre qui avait de très belles formes vertes. Un soir, lorsque la lune se montra, il tomba sans connaissance ; une infirmière arriva et lui dit :

— Vous avez de très beaux seins, mais ils ont une drôle de couleur. Des seins bleus, c'est très beau, mais des seins rouges, ça l'est moins.

Sur ces paroles, les seins de l'extraterrestre s'ouvrirent, deux cerfs-volants en sortirent, puis l'extraterrestre s'envola.

Il ne faut jamais insulter un extraterrestre si on veut prendre le temps de regarder ses seins.

La nounou russe

Renée Robitaille

Anna n'avait que quinze ans, mais déjà les habitants de son village l'appelaient «la femme aux mamelons montagneux». Depuis quatre générations, les femmes de la lignée d'Anna, nourrices de métier, avaient abreuvé toutes les bouches du village. La tradition voulait que dès l'âge de quinze ans, on féconde la future nourrice. Quelques jours après la naissance du bébé, on célébrait en grande pompe la première montée de lait et, un an plus tard, au moment de sevrer son enfant, la jeune femme était initiée par sa mère au métier de nourrice.

Mais Anna avait beau être honorée de long en large et de haut en bas, aucun homme du village ne parvenait à lui faire un enfant. Les commères racontaient à qui voulait bien l'entendre que c'était la fin de la lignée. Cherchant à leur clouer le bec, la mère d'Anna avait tout de même entrepris d'initier sa fille. À la grâce de Dieu! Et à force de se faire téter par les bouches affamées, Anna avait eu sa première montée de lait. Imaginez l'excitation dans le village: la fête avait duré trois jours et trois nuits, les bébés étaient tous ivres de bonheur. Pour l'occasion, un vendeur d'assurances s'était déplacé de la grande ville afin d'assurer les joyaux de la nounou en cas de sinistre.

C'était la mère d'Anna qui était soulagée: elle allait enfin pouvoir cesser la traite. Vive la retraite!

À la grande surprise de tous, quelques années plus tard, Anna rencontra les faveurs du Saint-Esprit et sentit la vie bouger en elle. Bien avant que l'enfant naisse, la panique se répandit comme la peste dans le village, car Anna avait désormais les mamelons trop sensibles pour s'acquitter de ses tâches auprès des enfants. Imaginez le drame! Plus aucun bambin du village ne portait la moustache de lait.

On attendait vivement la naissance du bébé pour que ça cesse enfin; mais dès sa venue au monde, ce fut pire encore. La petite fille, qui ressemblait au cordonnier comme deux gouttes d'eau, était gourmande par-dessus le marché! C'était bien là le problème: la petite Gloria gardait les seins de sa mère pour elle toute seule. Elle était si affamée qu'elle buvait jusqu'à six fois par nuit. Les soirs de pleine lune, elle tétait si fort qu'on voyait se tracer dans les cieux de grands sillons de lait chaud.

Le bébé d'Anna avait brisé la tradition. Tout le village était en désarroi. À la boulangerie, le pain dégonflait, la maîtresse d'école ne savait plus compter jusqu'à dix, le docteur souffrait d'urticaire, les pompiers jouaient aux allumettes, et même les poules avaient des dents. Ne sachant plus à quels Seins se vouer, les villageois se tournèrent vers l'Église.

Le bon Dieu leur rendit grâce un an plus tard. La petite Gloria avait suffisamment grandi pour ne réclamer le sein qu'une fois la semaine, comme tous les autres bambins du village. L'ordre se rétablissait enfin.

Les enfants recommencèrent à téter goulûment. Les commères craignaient qu'Anna ne manque de lait, mais les mamelons montagneux de la nounou ne tarissaient jamais! La femme avait des seins si généreux que son lait chaud s'adaptait aux goûts des enfants : les vendredis, Anna avait le goût de la pistache, les lundis, du chocolat fondant et, les mercredis, de la vanille française. Chaque enfant prenait rendez-vous selon ses goûts. Pour une nounou, c'était une aptitude non négligeable.

Ainsi, depuis de nombreuses années, la coutume voulait que tous les jeunes enfants soient allaités une fois la semaine. Et dès leur entrée à l'école, ils cessaient de voir la nounou. Le sevrage était souvent difficile pour bien des jeunes garçons. Viktor, le petit-fils du docteur, y voyait une épreuve insurmontable. Mais jamais il ne l'aurait avoué aux autres : valait mieux s'ennuyer des seins de la nounou que d'être traité de «soupe au lait» !

Pauvre Viktor, la rentrée scolaire avait lieu dans une semaine, plus jamais il n'aurait droit à son lait à la pistache... Il en avait perdu l'appétit. Inquiète, sa mère l'avait envoyé chez le docteur. En examinant la gorge de son petit-fils, le grand-père découvrit qu'un vilain secret y était coincé. Curieux, il lui demanda :

— Eh bien, raconte à ton grand-papou ce qui ne va pas, mon petit Viktor.

Mais Viktor resta muet. Le docteur insista :

— Si tout va bien, pourquoi viens-tu me voir ?

— C'est à cause des montagnes, grand-papou. J'aime me balader sur les montagnes, avoua Viktor.

— C'est un problème, ça ?

— Oui, parce que dans une semaine, je commencerai l'école.

— Je vois..., conclut le docteur. Suis-moi, Viktor.

Main dans la main, le docteur et son petit-fils se rendirent chez le cordonnier du village. Cachés derrière un étalage, ils espionnèrent l'ouvrier. Le docteur s'approcha de l'oreille du bambin et lui dit :

— Regarde bien le visage de ce monsieur.

Ce que vit alors le petit Viktor fut si étonnant qu'il ne put retenir un cri de surprise. Avant même que l'ouvrier ne puisse les apercevoir, le docteur et son petit-fils avaient déguerpi. Ils étaient maintenant sous la fenêtre de la maîtresse d'école. Juché sur les épaules de son grand-père, Viktor aperçut la femme qui brassait sa soupe. Le cri de surprise du petit garçon retentit dans tout le village. Mais ils reprirent sitôt leur course qui les mena chez le boulanger. Là, la bouche grande ouverte, les yeux ronds comme des melons, Viktor comprit qu'ils avaient tous une moustache de lait !!!

Se retournant vers son grand-père, Viktor lui demanda :

— Et toi grand-papou ?

— Moi, j'ai rendez-vous le mercredi soir, rétorqua le docteur. Je préfère la vanille.

Le sourire de Viktor fut si éblouissant qu'il rayonna jusqu'à la fenêtre de la nounou. Anna, qui était en train d'allaiter, releva lentement les yeux, se rendant compte qu'une fois de plus, le docteur avait révélé le secret des montagnes russes.

La nourrice de l'Île de Sein

Brigitte Fauchoux

Il était une fois, de l'autre côté de la mer, un petit morceau de terre perdu au milieu d'un océan tourmenté : L'Île de Sein qui, comme son nom ne l'indique pas, est plate comme la bonne galette de sarrasin qu'on déguste dans toute la région !

Destin tragique pour une terre au nom si prometteur ! Elle avait beau être la plus petite des îles bretonnes, elle n'en était pas moins féminine et cette platitude la rongeait, la menaçait, la dévastait parfois lorsque la mer déchaînée envahissait son port, ses rues, ses maisons...

Les vieux racontent que c'est arrivé plus d'une fois et qu'un jour, pour se sauver des flots en colère, les habitants de l'île avaient dû se réfugier en haut du clocher où le curé leur avait donné l'absolution, au cas où... mais l'eau était repartie avec la marée descendante et l'île se sentait désespérément plate !

Elle aurait voulu s'élever au-dessus des flots et laisser les vagues déferler sur ses formes arrondies. Elle aurait aimé ressembler à son nom, « Être » son nom, et de Sein qu'elle aurait été, protéger et nourrir ses habitants !

Elle imaginait, en son for intérieur, que les hommes auraient pu s'abriter pour se protéger des vents trop forts et s'y installer, comme le faisaient les Troglodytes dans leurs demeures creusées dans la roche...

Ils auraient pu faire sécher et conserver le poisson, les crustacés donnés par l'océan... Le curé aurait pu placer son église tout en haut, avec son cimetière à côté pour que les âmes, plus près du ciel, puissent prendre leur envol sans peur d'être projetées dans l'abîme où les attendait L'ANKOU [1]...

Le petit bistrot en face de l'église, où on allait le dimanche après la grand-messe, aurait eu une vue imprenable sur la rade de Sein, la baie des Trépassés et la pointe du Van...

Et puis, elle aurait même pu être en tout temps la bouée de secours, le radeau de la Méduse, l'arche de Noé, lorsque l'île envahie par les eaux sombrerait... Elle, elle se serait retournée, renversée pour être la coupe salvatrice où tous auraient pris place!

Et l'île n'en finissait pas de rêver... Et le vent du large, complice de cette âme mélancolique, est allé souffler fort, très fort, très loin, pour qu'on entende en haut lieu ces secrets désirs d'accomplissement...

Et il a été entendu: puisque l'île était plate, eh bien, les îliennes ne le seraient pas! Et une femme en particulier relèverait le défi: Marie-Jeanne Vélléda.

---

[1] Le diable breton.

C'est l'histoire de cette femme sénane qui défraya la chronique au début du siècle dernier et qui fit jaser sur l'île plus d'une langue pendant les longs jours d'hiver où personne ne pouvait mettre le nez dehors.

Marie-Jeanne Vélléda était belle, très belle, trop belle même au dire de certains qui racontaient que sa beauté n'était pas humaine et qu'elle aurait été issue d'un amour entre une Morgane[2] et un humain. Et qu'après l'avoir mise au monde, sa mère serait repartie parmi les siens, la laissant aux bons soins de son père qui retrouvait dans les traits de sa fille la beauté de sa femme disparue... C'est ce qu'on raconte ici... Certains y croient, d'autres pas... mais toujours est-il que cette enfant-là n'a toujours eu que son père et sa grand-mère auprès d'elle...

Et pour entretenir le mystère, son père lui avait donné pour troisième prénom «Vélléda», qui est celui d'une des neuf fées d'une légende bien connue sur l'île[3] : Vélléda étant la plus jeune, la plus savante et la plus belle...

Il faut croire que ce prénom avait tracé sa destinée, car cette enfant était brillante. À cette époque, Les Sœurs Blanches, fraîchement débarquées sur l'île avec leur impressionnante coiffe, étaient venues assurer l'éducation sur cette terre perdue. Vélléda apprit vite la lecture, l'écriture, le secret des plantes, l'art de soigner les maux du corps et de l'esprit.

---

[2] Êtres légendaires peuplant les récits bretons.
[3] Légende celte : *La Légende des neuf vierges.*

Au cours des années, elle devint quelqu'un d'important dans cette petite population coupée du reste du continent, aux confins de la terre bretonne.

Certains s'en méfiaient, la soupçonnant de sorcellerie, mais tout le monde la respectait parce qu'on pouvait avoir besoin de ses services et qu'il valait mieux, de toute façon, être bien avec elle... on ne sait jamais quel sort elle aurait pu jeter...

Mais Vélléda étant loin de ces âmes mal pensantes, et son cœur n'était rempli que de bonté et d'amour.

Elle vivait le quotidien des îliennes avec le même courage, la même détermination, la même fierté, et accomplissait le dur labeur du quotidien comme les autres femmes. Elle allait sur la grève quérir les algues, en remplissait son grand panier d'osier et remontait sur son lopin de terre qu'elle enrichissait de cet unique engrais. Puis elle cultivait le sol ingrat pour faire pousser quelques légumes qui accompagneraient les plats de poisson, c'était la seule nourriture sur l'île!

Vélléda se portait à merveille. Habillée de noir comme toutes les femmes de l'île, elle avait le visage rose poupon, un corps de sirène et de fines jambes. Elle était légère comme l'oiseau mais forte comme le roc...

Elle se maria avec un jeune pêcheur qui, de sa main tendre, caressa la belle. Bientôt son ventre s'arrondit, ses seins devinrent lourds et elle mit au monde un beau bébé aux joues roses comme celles de sa mère.

Mais la vie, dans sa tourmente parfois incompréhensible aux yeux des humains, en lui donnant un petit homme, lui reprit l'autre, celui de son cœur.

La nuit de l'accouchement, les douleurs de son ventre ressemblaient à la tempête qui se déchaînait sur la côte. Les vagues démesurées allaient et venaient au rythme des contractions, se fracassant avec un bruit sourd sur les roches et la digue à l'entrée du port, menaçant de rompre à tout moment. Vélléda, elle, avait rompu ses eaux lorsqu'un coup de vent et une lame plus forte que les autres avaient projeté sur les récifs, à fleur d'eau, le bateau de bois de son compagnon.

La liste des disparus en mer venait encore de s'allonger de quelques noms. Régulièrement, dans ce coin de pays, la mer engloutissait de pauvres marins-pêcheurs, corps et biens.

Vélléda rejoignit le groupe de ces femmes isolées, esseulées qui vont attendre face à la mer, les yeux pleins d'eau, le retour de celui qui est parti trop vite.

Et c'est un jour d'été, où elle était là assise sur le quai, qu'elle les vit débarquer du traversier : un couple de gens de la ville, habillés à la dernière mode des folies parisiennes. Lui, très élégant dans un complet sombre rehaussé d'un chapeau haut de forme noir. Elle, une longue robe rose satin, un châle en dentelle blanche et, dans les bras, un bébé tout emmitouflé dans un grand tissu bleu. L'arrivée d'extraterrestres n'aurait pas été plus surprenante pour ces gens peu habitués à avoir de la visite si huppée !

Mais Vélléda n'était pas femme à se fier aux apparences, et encore moins à ignorer les étrangers ; et quand le couple passa devant elle, elle leur sourit. L'homme souleva son chapeau et la femme lui fit un petit signe de main, tout en tenant son ombrelle qui ne résista pas au premier coup de vent !

— Une ombrelle à la mer ! cria quelqu'un.

Un domestique les suivait avec quelques malles en cuir. Ils se rendirent directement à l'unique auberge de l'île et s'enquirent tout de suite d'une nourrice pour leur petit. Comme si c'était tout naturel que les nourrices abondent sur cette Île de Sein !

Faut dire qu'à cette époque, le placement en nourrice était d'usage courant et, d'ailleurs, les Bretonnes avaient une excellente réputation en la matière mais, sur l'île, on n'avait jamais vu cela !

On envoya chercher Vélléda, comme à chaque fois qu'un problème majeur se posait. Évidemment, Vélléda avait les qualifications requises et les seins à la hauteur de la situation puisqu'elle allaitait déjà son petit ! Elle accepta donc avec le sourire ce travail inattendu qui lui permit de vivre sans rien demander à personne.

Elle éleva cet enfant, et soigna en même temps la mère de santé délicate. Celle-ci fit les éloges de Vélléda en haut lieu parisien. Ce qui fit que les étés suivants, d'autres bébés arrivèrent et cela dura tant que Vélléda eut de quoi nourrir ces richissimes petits étrangers...

Elle fut la seule et unique nourrice sur cette île du bout du monde. Mais on s'en souvient encore aujourd'hui! Parce qu'elle avait défié toutes les croyances qui disaient que sur cette terre perdue, au milieu des brouillards et des tempêtes, dépourvue de ressources alimentaires de base, de fleurs, de fruits, d'arbres, la vie tenait du miracle. Et bien Vélléda avait non seulement donné «Vie» et santé à tous ces petits qu'elle avait nourris, mais elle avait également embelli les jours de tous ceux qui l'avaient approchée. **Et, en plus, elle avait donné à l'île une raison de porter son nom avec fierté!**

Elle est partie une nuit de tempête.

On dit que, vêtue de sa longue chemise de nuit blanche, elle s'en était allée rejoindre dans les vagues d'écume le seul homme qu'elle ait jamais aimé.

Un voyageur a rapporté *que certains soirs, par vent de suroît, à la tombée de la nuit, on peut apercevoir au large de hautes vagues cambrées contre le vent, avec à leur sommet de grandes crêtes d'écume qui ondulent en arrière*[4]...

Ce serait Vélléda, avec sa longue chevelure blanche, qui semble danser sur la mer comme une sirène ou une Morgane...

---

[4] Jos Fouquet, *L'Île de Sein d'hier et d'aujourd'hui.*

L'Île de Seins

Johanne Girard

Il était une fois, quelque part dans l'Atlantique, une île aux nuances bleu lacté qui abritait une bourgade créée à dessein d'accueillir des réfugiés, bien particuliers.

Pendant longtemps, ce collier de terre avait été ignoré de la société. Personne ne voyait la nécessité de franchir de telles distances pour s'isoler, au loin, alors que la vie urbaine offrait facilités et attraits.

Mais peu importent les raisonnements, les décisions, les désirs du monde et ses promesses, il arrive que le vent tourne.

Et le vent tourna. Effectivement !

Voilà donc qu'avec les cycles du temps et ses métamorphoses, l'humanité se retourna dans son lit et y trouva, alors, un engouement pour l'Île de Seins et ses habitants. Ce retour à l'air salin, à la mer et au sable venait marquer une époque : *Découvrir la Mer en son sein.*

Et puisque les distances n'étaient plus ce qu'elles avaient été, on pouvait les franchir sans avoir à dépenser ses années à ramer dans l'incertain.

— Alors, pourquoi s'en sevrer ? s'était-on exclamé.

*

Ainsi, à l'Île de Seins, arrivaient sans préavis, par la voie des airs ou de la mer, des écorchés du corps, de l'âme et de l'esprit en quête d'un réconfort certain.

Cette île était vaste, longue et fine, un bras de femme. Ses vallons, aux mamelons roux, blonds ou bruns, se coloraient selon les saisons. Ses îlots et ses fleurs de mer flottaient dans l'indigo, comme dans la Voie lactée, les constellations.

L'Île de Seins respirait la sérénité.

On y venait, en son propre nom ou avec un d'emprunt, au sein de sa famille, seul ou avec d'autres, mais surtout décontenancé.

Ici, on ouvrait sa fenêtre pour laisser entrer la lumière, l'espoir et les rêves.

— Ouvrez. Ouvrez, criaient les nouveaux arrivants, on est des éreintés, s'il vous plaît, s'il vous plaît, laissez-nous passer !

Accueillantes, les *gardiennes* de l'Île de Seins les recevaient avec des mots d'accueil sur les lèvres. Et, avec beaucoup d'humanité, elles savaient les entourer.

— Entrez, entrez, braves pèlerins ! Joignez-vous à notre essaim.

À la file, un à un, deux par deux ou massés trois par trois, chacun découvrait sa marraine selon ses affinités.

Ensuite, les *consolantes volontaires* – d'anciennes rescapées du cancer mammaire – prenaient le relais, les nourrissaient de saines paroles, les apaisaient d'espoir et de verte médecine, puis pansaient leurs plaies, quelles qu'elles fussent.

Il est vrai que dans l'île, on avait surtout à cœur les rescapées du sein. Peu importait l'âge des *pèlerines passagères* – on les surnommait ainsi puisque leur situation était provisoire et qu'elles devaient repartir chez elles, un jour ou l'autre, guéries, soulagées ou grandement apaisées –, chacune des gardiennes, consolante, marraine et aidante, prenait une voyageuse sous ses ailes avant qu'elle ne puisse, d'elle-même, s'envoler.

— Venez, venez, qui que vous soyez, consolez-vous sur nos nénés, allez, allez, peu importe d'où vous venez, nos seins sont à vous jusqu'à satiété !

Alors, les réfugiés du cœur – les *pèlerines passagères* et leur famille – s'allégeaient de leurs bagages existentiels et plongeaient dans une mer de seins offerts.

*

Là-bas, on vivait de l'air du temps grâce aux précieux dons des mécènes ayant investi compassion et fortune dans une cause humanitaire : *Que chacun donne du sien pour l'amour des femmes et de leurs seins* ! Ainsi convaincus, sans les tourments du vécu, femmes, hommes et enfants se côtoyaient de plein gré, et recevaient les soins appropriés.

*

Un jour, alors qu'au-dessus de l'île les cieux en tourmente subissaient une rage atmosphérique, une inconnue, poitrine ouverte sur le monde, légère comme un nuage, un ange à peine voilé, cachant ce qui semblait être un sein, découvrant l'autre tendre et rose, pénétra dans le salon au toit cathédrale où étaient étendues quelques âmes convalescentes. Toutes occupées par une lecture apaisante, livres, revues ou prospectus en main, personne ne la vit.

Discrète, elle s'approcha d'un des hamacs où un homme emmailloté laissait transparaître, même sur ses traits endormis, les méfaits de la calamité.

La chevelure en fines repousses, dévoilant son visage de rosée, un coquillage sur l'oreille, l'ange, penché au-dessus de celui qu'on appelait Louis D'ores – son patois, *d'ores et déjà*, avait vite conquis l'île –, lui souffla une bise aromatisée d'amour et de secrets bien gardés.

D'un coup, il prit un grand *respir*. Bougea son corps confit. Murmura une parole décousue. Puis lança une chimère dans les airs, avant de poursuivre son rêve au sombre destin.

Sombre destin, en effet, car cet époux, terrifié à l'idée de voir sa femme atteinte du cancer du sein, avait fui le domicile, abandonnant sa famille et une épouse envahie par l'intruse maladie. Impuissant, il avait rejoint un centre d'hébergement pour hommes déconfits. Mais rien n'y fit. Les traitements de courage tombèrent un à un. Dans l'incapacité de relever ses manches, il se traîna jusqu'au premier transatlantique en partance.

Au cours de sa fuite, désirant ne plus rien voir des réalités de ce monde, il perdit la vue.

Quelle mésaventure!

Pendant ce temps, l'ange que l'homme croyait venu d'ailleurs ne se laissa pas décourager par les rêves de Louis D'ores, pas plus que par ses traits d'homme défait. Avec sa paume de satin, elle caressa la poitrine dévoilée – comme elle l'aurait fait pour celle d'un bébé ou la sienne –, puis effleura du bout des doigts les paupières aveugles, y souffla un charme, avant de soulever la main vers son sein rapiécé.

— Touche! Sens! murmura-t-elle. Et vois, malgré le sillon sur ma peau, ma vie qui va de soi. N'aie aucune crainte et goûte, amour, mon lait qui giclera, encore longtemps.

Ensommeillé, Louis D'ores souffla une formule toute faite:

— D'ores et déjà guérie, ma chérie?

Le tonnerre vrombit. L'homme geignit. Le prénom d'une femme naquit sur ses lèvres et s'envola comme une prière:

— Angèle, mon ange! Je t'aimerai même si...

Un éclair jaillit et vint enflammer les vitraux de la salle, confondant ceux qui virent dans ce flamboiement un signe du destin. À l'Île de Seins, on était sur le point d'assister à un miracle, comme chaque journée sur l'île pouvait en dévoiler.

Louis D'ores ouvrit les yeux. Dans son sommeil, rêve et réalité se confondaient: il se voyait, chez lui, auprès de sa compagne qu'il admirait pour son courage. Ensemble, ils franchiraient la distance qui les avait séparés, et uniraient leurs forces pour affronter les conflits du corps comme ceux de l'âme.

Un sourire éclaira son visage en réfection. La lumière brilla dans son iris. Un moment, il crut entrevoir une forme mouvante.

— Ne seriez-vous pas guérisseuse, ange ou soleil, dites-moi, je vous en prie? supplia-t-il.

Alors, celle qu'il prenait pour une autre entama une chanson tendre, telle une berceuse:

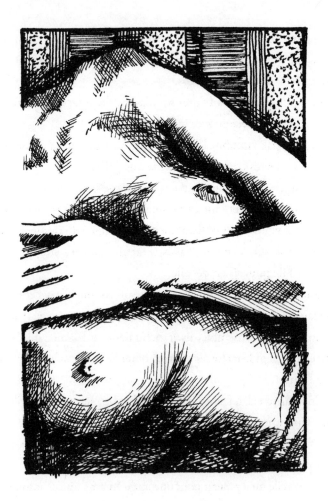

CHANSON DE L'ANGE

Ange, soleil guérisseur
Tous ces moments sans ton cœur
Sans ta main sur mon sein
Ont marqué seul mon destin
Ange ou soleil guérisseur (bis)

«Allez viens sur mon sein
Mon amour, mon jardin
Allez viens sur mon sein
On s'aimera jusqu'à demain»

Sur le chemin de ma cure
Ma vie, mon âme-sœur
Je retrouve ma ferveur
Ensemble, joignons nos destins!
Cueillir un bouton d'ardeur
Ange ou soleil guérisseur (bis)

«Allez viens sur mon sein
Mon amour, mon jardin
Allez viens sur mon sein
On s'aimera jusqu'à demain»

Le dernier couplet s'éteignit sur les lèvres frémissantes de l'ange. L'homme séduit imagina le sourire épanoui de celle qu'il désirait retrouver.

— Angèle, Angèle, c'est toi, mon amour?

*

Après un stage de consolante *volontaire*, Angèle, plus vaillante que jamais, soigna la cécité de Louis D'ores et déjà sur le chemin de la convalescence. Et l'homme, le cœur sur la main, l'autre couvrant le sein de sa bien-aimée, redécouvrit le bonheur de vivre en sa compagnie.

Assis dans le hamac, il releva ses manches, saisit la taille de son ange au sein d'or, embrassa le croissant de lune et de chair qu'elle avait sous l'aisselle. Ensuite, il la fit basculer dans le filet des retrouvailles.

*

Comme c'était la coutume là-bas, les *gardiennes* de l'Île de Seins organisèrent une croisière pour le retour sur terre des réfugiés et des *pèlerines passagères* à nouveau réunis. Deux par deux, trois par trois, main dans la main vers leur destin, chacun rapportait des forces nouvelles dans ses affaires : lumière, espoir et rêves, tels que promis.

En échange: pèlerins et rescapés iraient raconter, à travers le monde, les histoires bienfaisantes qui se déroulent, depuis toujours, sur l'Île de Seins.

Encore et encore, d'aujourd'hui à demain.

Les seins de Marie

JEAN-MARC CHATEL

La première chose que je vis chez Marie, ce furent ses seins. Oh, je sais, je vous entends penser : «tous les mêmes !». Bien oui, si ça vous amuse.

C'était dans un petit *garden party* sans prétention, où j'avais été vaguement invité. Ça se passait chez elle, dans son jardin. C'était la Saint-Jean, il faisait chaud et le muscadet coulait à flots.

Elle avait de tout petits seins, comme je les aime, comme beaucoup d'hommes d'ailleurs. Des seins qui auraient presque tenu dans deux coupes à champagne, qui se passaient ingénument de soutien-gorge, ce qui me permit, muscadet aidant, de jeter un coup d'œil discret dans l'échancrure de sa blouse.

Comment est-ce arrivé ? Je n'en sais rien, peut-être cette douce complicité qui s'installa immédiatement entre nous, nous devîmes amants rapidement, comme si ça allait de soi.

Les jours passaient, les saisons aussi.

Ses seins étaient fermes et doux. Parfois fiers et arrogants, d'autres fois las et fatigués. Si tendrement chauds en hiver que j'aimais m'y blottir, et si délicieusement frais en été, surtout quand je m'amusais à souffler dessus, que la peau se couvrait de frissons et que le mamelon se dressait. Parfois très orgueilleux, ils paradaient dans le décolleté de sa robe fourreau noir, servant d'écrin à un mignon petit collier de perles baroques.

D'autres fois, ils avaient un air un peu fruste quand elle mettait une de mes vieilles chemises sport pour jardiner.

Je lui disais souvent : « J'aime tes seins ». J'aimais bien, quand elle avait les deux mains occupées, m'approcher par derrière et les prendre délicatement dans mes mains en coupe, l'embrasser dans le cou sans rien dire et la laisser ensuite vaquer à ses occupations.

Parfois, c'est quand elle lisait que je caressais ses seins. Elle, étendue dans le récamier, moi à ses pieds, défaisant lentement, un à un, les boutons de sa blouse ; puis je commençais doucement à la caresser. D'abord le contour du sein puis, en cercles concentriques, je m'approchais de l'aréole effleurant innocemment le mamelon qui se dressait, le petit coquin ! Elle faisait semblant de poursuivre sa lecture, mais je savais qu'elle n'y arrivait pas. Elle ne tournait plus les pages et relisait sans cesse le même paragraphe. À un petit sourire en coin, un imperceptible plissement des paupières, je savais qu'elle s'abandonnait.

D'autres fois quand, au lit, nous regardions les nouvelles à la télé et qu'elle mettait sa tête au creux de mon épaule, je passais un bras sous son cou et entourais son sein de ma main, comme pour le protéger.

Je lui disais souvent que j'aimais ses seins, combien je les trouvais beaux, doux, tendres, fermes, gentils, forts, émouvants.

Puis vint ce jour maudit. C'était la fin du printemps. Le magnolia était éteint depuis longtemps, les jonquilles et les narcisses avaient disparu sous terre. Les lilas jetaient leurs derniers parfums. Les rosiers, les lupins et le fushia se préparaient pour l'été.

J'aurais dû me méfier. Quelque chose la préoccupait depuis quelque temps, mais elle se refusait d'en parler ou disait que c'était le boulot. Parfois elle soupirait en me regardant avec un petit sourire crispé.

Elle était là, assise dans sa chaise de jardin préférée, un livre sur les genoux, entourée d'iris et de cœurs-saignants. Elle me fit signe de m'asseoir et me dit sans ambages :

— Je veux que tu m'écoutes sans dire un mot, sans poser de questions. C'est déjà assez difficile à te dire... Voilà ! Toi et moi, c'est fini ! Ce n'est pas de ta faute, c'est de la mienne. Non ! Ne dis rien. Ne me rends pas la tâche encore plus difficile ! Il n'y a rien à dire. Ça a été beau, merveilleux même, par moments, mais là c'est fini, terminé. J'aimerais que tu partes tout de suite, sans rien dire, ne rends pas la chose odieuse. Pars et ne reviens jamais. C'est fini, n-i, n-i. Adieu.

Je me levai, dévasté, une boule dans la gorge m'aurait empêché de parler même si je l'avais voulu. Je crois qu'elle pleurait mais je n'en suis pas certain, à travers mes propres larmes, je la voyais à peine entourée des iris et des cœurs-saignants. J'ai fui...

Je ne l'ai pas revue. L'été est passé, l'automne est venu.

Le hasard m'a fait rencontrer la sœur de Marie, un matin, au marché Jean-Talon.

C'est elle qui, me dévastant une deuxième fois, m'apprit que Marie avait été opérée pour une tumeur au sein durant l'été ! Que c'est pour cette raison qu'elle m'avait quitté !

Marie ! Ce n'est pas tes seins que j'aimais. **C'est toi** !

C'est toi que j'aimais, c'est toi que j'aime. Toi qui es ferme et douce, fière et arrogante, chaude ou fraîche, lasse et fatiguée, c'est toi que j'aime! Toi que j'aime encore.

Tu sais, j'ai de la pudeur, je trouve plus facile de parler de cul que de sentiments!

C'est toi que j'aimais caresser, faire frémir, faire semblant de protéger. C'est toi que j'aime, pas tes seins. Même si c'est à eux que je parlais, c'est de toi que je parlais.

Laisses-moi entrer dans ton jardin. C'est toi que j'aime, Marie!

Récit de vie

Élodie Dupré-Lailler

Maman était malade, moi j'étais ado.

Amoureuse transie, passion puérile mais dévorante, j'ai construit petit à petit ma souffrance quand elle la subissait. Il y a pire que de tomber amoureuse. Malade.

Cancer du sein, chimio, ablation, angoisse… Sur son torse ; un sein, lourd et triste et puis une longue ligne de chair qu'elle avait peine à dissimuler sous certains tee-shirts. Maman essayait d'oublier sa poitrine quand moi je passais mon temps à me la contempler. Vous connaissez l'expression « se regarder le nombril » ? Et bien moi, je me regardais les tétons. Jamais je n'ai osé parler de cette honte de sentir que je n'ai pas été présente auprès d'elle quand il le fallait.

Je n'ai pas vu, je n'ai pas senti. J'étais ailleurs. Ce petit texte se présente alors à moi comme un exutoire, et je m'aperçois, au fil des mots que je livre, combien il est difficile de retranscrire un malaise tu durant cinq années.

Maman est guérie à présent. Elle a adopté son nouveau soutien-gorge avec sa grande poche de gelée rigolote au toucher. Même à la piscine, ça passe bien. Moi je suis partie vivre avec mon amoureux (le vrai cette fois) et depuis je partage avec ma tendre mère une véritable complicité sans précédent.

Il y a de cela une semaine, j'ai eu rendez-vous chez le kinésithérapeute qui me traite régulièrement pour des problèmes de dos : je suis légèrement voûtée. Et ce jour-là, il m'a fait une révélation.

Ce petit homme sombre et peu bavard m'a surprise lorsque, marchant à grands pas autour de moi, déshabillée, il s'est soudainement stoppé, a levé la tête, s'est approché, le regard plus profond et indiscernable que jamais, et s'est exclamé : «Une femme doit avoir la poitrine triomphante, mais pas provocante». Et il s'est agité tout à coup, mimant la femme lubrique, cambrée, qui projette ses épaules en arrière et ses seins en avant. «Non. Non, ce n'est pas comme ça que la poitrine sera mise en valeur au contraire, là c'est de l'exubérance.» Revenant au calme, il m'a expliqué que la posture était essentielle : pour se tenir droite, il faut sentir un fil invisible qui nous tire la tête vers le haut et non pas avoir l'impression d'un poids dans la nuque qui nous affaisse. Mais il ne faut pas être rigide pour autant. «Les Africaines qui portent leurs paniers de fruits sur la tête, m'a-t-il expliqué, se tiennent toutes droites afin de ne pas faire tomber les denrées, et pourtant elles sont extrêmement souples.» J'ai alors eu droit à une démonstration gratuite de mon kiné mimant l'Africaine et dansant pour me montrer que les jambes peuvent être complètement flexibles tout en laissant un dos impeccablement vertical.

Avant de ré-enfiler son visage gris et froid, il a ajouté : «La belle poitrine, la poitrine triomphante, c'est celle que l'on porte naturellement, haute et droite».

Sortant de ce rendez-vous médical peu ordinaire, je me suis mise à marcher en pensant au fil invisible, et c'est en déambulant de la sorte, tendue et élastique à la fois, la poitrine triomphante comme je venais de l'apprendre, que j'ai compris le message implicite.

Les gens voient ce qu'on leur montre à voir.

Au-delà d'une simple question de posture corporelle, il y a en fait une idée de posture intérieure, d'attitude de l'esprit qui est bien plus forte! Zéro, un, deux (ou trois?) seins, ce qui compte c'est d'être une femme en soi. Et puis, il faut être fière de l'être. Quand le cœur sourit, c'est tout le corps qui resplendit, et la plus belle féminité peut enfin se manifester.

La prochaine fois que j'irai voir maman, je lui raconterai comment mon kiné portait des bananes sur la tête... j'espère qu'elle comprendra.

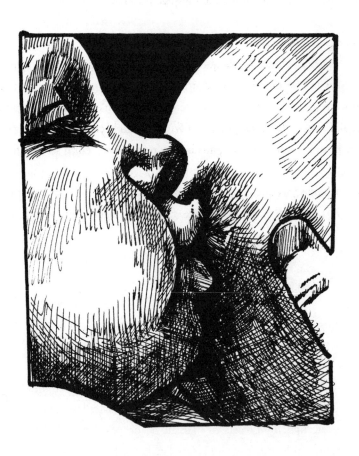

Ma première sucette à l'anis

JOËLLE PHILIPPE-CUGNY

C'était un matin. Très tôt. La lumière du jour venait de naître. Pâle et diaphane, elle accueillait mon réveil comme une caresse de l'aube. À l'époque, ma vue était fragile, j'avais passé une longue période cloîtrée dans une alcôve exiguë sans fenêtre.

J'avais traversé une nuit épouvantable! Je me souviens même d'avoir crié si fort que ma gorge s'était gonflée, soulevée par une douleur insensée, comme si un immense papillon y avait déplissé ses ailes.

Ce matin-là, je l'ai vu se dresser juste devant mes yeux, comme un pic majestueux. Il m'intimidait, mais il me tentait. Il avait l'air doux et généreux. Ce matin-là, il me sembla énorme, les veines palpitantes, la peau distendue par l'extension de son volume. Il était là, offert, comme rongeant son frein. Il m'attendait. Il était pour moi et moi seule! Je ne voyais que lui, j'en louchais. Plus je le regardais, plus il me semblait gros. Je sentais une tension au creux de l'estomac, comme un appel du ventre, mais je ne savais pas quoi faire... Je ne l'avais jamais fait!

Je savais instinctivement que je devais le prendre avec mes lèvres, mais je ne pouvais porter ma bouche jusqu'à lui. Mes lèvres s'ouvraient, puis se refermaient. Et cela m'énervait de ne pas arriver à l'embrasser goulûment tandis que tout mon être l'exigeait. J'étais au supplice.

Alors, une main douce et ferme l'a empoigné et l'a fourré dans ma bouche.

Je hurlais ! J'avais l'impression d'étouffer, il remplissait la totalité de ma cavité, il bloquait ma langue et ma respiration. Il étirait ma bouche jusqu'aux pires extrémités. J'avais mal et, en même temps, je sentais qu'il me fallait dépasser cette souffrance pour assouvir ce désir animal qui me lancinait le ventre. Je sentais la tension monter entre nous, il n'y avait d'autres issues que l'aboutissement. Mais il m'échappait à nouveau. La main intervint encore, plus tendrement cette fois. Et je sentis son bout se durcir sous ma langue, c'était une sensation nouvelle et délicieuse. Je reprenais espoir, je commençais à comprendre comment je devais m'y prendre.

Alors, une envie vorace et instinctive me fit dépasser une étape : j'agitai ma tête fébrilement de droite à gauche pour maintenir ma proie en place, puis d'avant en arrière pour l'installer confortablement et d'un coup, je contractai mes lèvres et aspirai avec l'aide de ma langue, mais toujours sans résultat. Je respirais fort et de manière saccadée, concentrée sur mon effort, je recommençai à nouveau avec plus de force et de conviction. Cette fois, j'aspirai si violemment que des larmes perlèrent au coin de mes yeux encore bleus. Alors, il se libéra enfin, il gicla subitement dans ma gorge !

Une véritable explosion s'était produite dans ma bouche et je sentis un liquide tiède, visqueux, anisé, déborder et couler jusqu'au fond de mon ventre, faisant cesser les spasmes qui me torturaient.

Mon visage se détendit peu à peu, j'étais comblée et épuisée. Je relâchai le rythme de la succion. Je m'assoupis, la bouche entrouverte, sur le sein douillet et gorgé de lait de ma maman, pour la première fois !

Tableau flou de la femme à trois vies

Monique Juteau

Jeune, elle rêvait de devenir chirurgienne parce qu'elle aimait les choses précises, bien identifiées, comme les viscères dans les livres de biologie. Les livres! Elle avait aussi pensé en écrire. Les phrases qui incisent; le cœur que l'on peut faire sortir du thorax à n'importe quel moment d'un récit, mais elle se lassa très vite de la littérature, de ses métaphores trop vagues, du sens figuré et confus de certains mots. Finalement, elle devint radiologiste. Des mammographies chaque jour, des tumeurs bien définies, des seins écrasés, serrés, pressés de toutes parts, pendant vingt ans. Puis, un bon jeudi, elle s'affala dans un fauteuil à capitons. Défaite. La bouche pleine de rayons X. Incapable de sortir pour aller bêcher la terre autour des pommiers, comme elle en avait l'habitude, quand elle se sentait devenir trop fictive. Il fallait absolument qu'elle trouve un autre boulot.

*

Deuxième vie: elle accourt, photographie l'abdomen et la série de petites mamelles gonflées d'une mouffette immobile au bord d'une route. L'ancienne radiologiste s'y fait. Elle dort, dîne, parcourt des kilomètres sur des autoroutes encombrées, ses appareils de photo en bandoulière. Clic! Sur le ventre d'une chatte renversée par une auto. Clic! Sur les paupières diaphanes que les animaux laissent tomber quand plus rien ne va dans leurs petites boîtes crâniennes fêlées; quand dans leur tête volent très haut des déesses que seuls connaissent les mammifères. Clic! Elle utilise des pellicules ultra-rapides, car la vie qui fuit d'un organe perforé est extrêmement pressée.

*

Jadis radiologiste; l'an passé, photographe pour le ministère des Affaires écrasées; aujourd'hui, elle peint. Elle dessine des femmes avec des seins énormes gonflés à bloc. Elles tiennent par le cou des chatons jaunes aux corps mous, longs et flasques, comme si l'on venait de les noyer. Elle aimerait que les poils des chats soient encore plus détaillés, plus jaunes, plus mouillés, plus collés à la peau. Elle s'acharne ainsi sur le réel depuis qu'elle a perdu un sein, le gauche, dans un champ de fraises bio, en ramassant par mégarde une petite tumeur, devenant ainsi un être encore plus flou, plus fictif qu'avant. Mais la fiction s'apprend. Paraît-il. Aussi regarde-t-elle attentivement ce simili-sein-sensationnel que l'infirmière des soins *pas à domicile* lui a remis cet après-midi. Il est là sur sa table de travail. Seul. Immobile dans ses chairs de poupée.

*

Décembre, décidée, elle a enfin essayé son simili-sein-sensationnel. Debout, devant une nouvelle toile, elle pense à la Palestine et se met à esquisser une femme de Naplouse qui, armée d'une pelle, creuse des trous dans la terre. La main de la femme à trois vies va dans tous les sens pendant plus d'une heure, puis soudainement s'arrête. La terre est trop froide, dense et noire. Elle la voudrait plus réelle, plus chaude, plus

libre, jaune et sablonneuse. Mais aura-t-elle assez d'ocre, d'orangée et d'imagination ? Et une fois que la terre sera bien définie, aura-t-elle assez d'énergie pour dessiner ces centaines d'oliviers et d'arbres à palabres qu'elle a en tête ? Assez de mémoire pour se rappeler les grandes lois de la transplantation, les mouvements des pieds aplatissant la terre autour des troncs, les seins qui bougent dans tous les sens ? Ensuite, aura-t-elle assez long de vie pour tracer le corps de cette femme de Naplouse, les rides autour de ses yeux et toutes les lignes de ses mains formant un réseau de mille petites ficelles difficiles à démêler tant les souvenirs ont fait des nœuds au fil des guerres ?

Un pas. Deux pas. Un sein froid. L'autre chaud. Mambo du membre fantôme. Elle abandonne les pinceaux, quitte cette mise en scène de la femme de Naplouse, oublie toutes ces questions de réalisme qui alourdissent le jour. Elle sort dans la cour, s'assoit sur un banc, près des pommiers. C'est l'heure d'apprendre à exister. Premièrement : se vider la tête, comme le font les arbres en octobre. Deuxièmement : se remplir de vent. Être là, flottante, vague, libre, le temps d'une pose, d'un tableau abstrait dans lequel on ne reconnaîtrait ni la radiologiste de jadis, ni la photographe d'hier, ni la peintre d'aujourd'hui. Un tableau flou où il serait impossible de différencier son sein droit de son sein gauche, de distinguer les pommiers derrière elle ou d'entrevoir les rangées d'oliviers qu'elle a au fond du cœur.

Histoire de jo

Danielle Jutras

Dans sa magnanimité, mon créateur m'a donné des seins fibreux. Ô mon dieu, loin de moi l'idée de m'en plaindre car les avantages sont nombreux. Une belle fermeté leur permet de conserver fière allure (avec ou sans soutien-gorge) et quelle que soit ma posture, et le temps n'a pas l'air de «synergiser» avec l'effet de la gravité.

Mon créateur a été un peu pingre en termes de quantité, mais cela a aussi UN avantage : celui de pouvoir tirer à l'arc sans avoir la moindre inquiétude… telle une véritable Amazone !

Pour tout dire, mon créateur a été pas mal chiche parce que couchée sur le dos, j'arrive difficilement à situer mes seins avec précision du premier coup.

Mais bon ! Tout compte fait, n'étant pas de nature pleurnicharde, pourquoi me morfondrais-je pour *si peu* ?

Tout allait bien jusqu'à ce que dernièrement, une des (rares) fibres de mon sein gauche sembla vouloir s'emballer. Peu à peu, je me suis faite à l'idée que j'aurais avantage à *passer* une mammographie pour m'assurer que tout était correct.

Mon seul «vécu» en mammographie était constitué des récits de mes sœurs qui sont, il faut bien le dire, pas mal *moumounes* quand vient le temps

de souffrir *pour la peine*... J'allais pouvoir enfin me faire MA PROPRE idée sur la chose et... qui sait? peut-être démentir leurs affirmations lors du prochain party de Noël... *Think positive*, telle est ma devise!

Je pris donc un rendez-vous...

Le médecin m'examine consciencieusement de sa main baladeuse pour me dire *qu'on verrait* mieux si je passais une mammographie. *Ya, right!!!* J'ai la vague impression que son idée était déjà faite avant que j'enlève «mon haut», mais qu'il s'était tout de même résigné à me donner un échantillon de son expertise manuelle. Consciencieux jusqu'au bout des doigts, le verrat!

Ou peut-être voulait-il seulement vérifier s'il y avait *matière* à radiographier? Je ne le saurai jamais...

Je pris un rendez-vous pour la mammo...

J'espérais seulement que la date qu'on me fixerait ne coïnciderait pas avec mon SPM (syndrome pré-menstruel) parce que durant ces périodes-là, non seulement la sensibilité de ma poitrine se trouve singulièrement accrue, mais TOUTES mes réactions deviennent assez difficiles à prévoir. Un peu comme si une autre entité s'immisçait en moi... Vous voyez le tableau?

Arrivée dans la salle de radiographie, moi si guillerette habituellement, je commence à appréhender le pire car la technicienne en radiologie manifeste, ELLE, des signes de SPM évidents. Un petit quelque chose dans son attitude m'agresse, et ma belle assurance m'a quittée depuis de longues minutes déjà. À vrai dire, je me suis mise sur la défensive, et pas à peu près. Mais dans ma tête, tout est devenu clair : je plaiderais la légitime défense si par un malheureux concours de circonstances... je devais l'occire.

« La machine » à radio n'a rien de convivial ni d'esthétique en soi. Très peu de recherche dans les couleurs et le *stainless steel*, tout le monde l'a expérimenté, c'est toujours un peu long à réchauffer.

Oh boy, oh boy! Quossé ça?

Elle vient d'installer la « cassette du film » où je déposerai bientôt mon sein, et elle me semble bien trop grande... pour moi, en tout cas !!!

En pensant au film qu'elle contient, je me dis qu'il y aura pas mal de gaspillage de pellicule... Je risque une petite blague et lui demande :

— Vous n'auriez pas de plus petites cassettes ? Je ne *remplirai* pas ÇA, vous savez.

Pour toute réponse, elle me jette un œil torve, comme si elle savait que je planifiais un meurtre... le sien, bien entendu !

Je me plie de bon gré aux directives de la « bougonne » et je demeure debout bien droite, même si je commence à sentir de la houle sous mes pieds... Trop contente de constater mon inexpérience face à la chose, elle commence à me placer... *COMME Y FAUT...*

Son expertise pour malmener, triturer et écraser mon « jo » m'arrache d'abord un cri...

— Approche encore! me répète-t-elle avec une pointe d'impatience.

— Ben là, là, heu... je fais *TOUTE* ce que je peux, MADAME!

Il me semble évident que ma *bonne volonté* a atteint son point maximal. Non contente de mes efforts, la *bâtarde* vient me *charcher* ça de force jusqu'à ce que... mon dieu! pas de farce... jusqu'à inclure deux côtes et un petit bout d'omoplate dans le portrait!!!

« *AYOYE esti*!!! Les nerfs, Pompon!!! Je t'avertis, si tu continues, ben tu vas l'avoir mon poing su'l kisser, pis ce sera pas long!!! » vociférai-je silencieusement.

J'imaginai soudainement avec force et détails son visage tuméfié faisant toute la une du *Journal de Montréal* et, en grosses lettres rouges: *Victime de son zèle!*

Quand ELLE a été satisfaite de ses manœuvres, mon sein avait toutes les caractéristiques d'un œuf au miroir.

— C'est bon, ne respire plus.

(« Comme si j'en étais encore capable, niaiseuse! »)

Puis le même manège recommence pour l'autre sein, celui qui n'a rien. Je trouvais ce traitement injuste et, franchement, je ne m'amusais pas du tout. J'avais seulement le goût de m'en aller chez moi au plus c...

La larme à l'œil, déprimée jusqu'à la moelle, je me suis dit: «Aussi bien qu'ils connaissent tous les deux le même sort, comme ça la symétrie sera préservée si jamais les dommages encourus par cette torture devaient être irréversibles. Snif! Mes deux seins seront à jamais *écrapoutis*. Snif!»

Dans le bureau du médecin, je n'ai pas de mal à reconnaître mes radiographies parmi quelques autres. En effet, mes radio sont sorties véritablement «blanches» (comme «surexposées») comparativement à celles des autres dames... Du coup, je suis convaincue que la paparazzi du mamelon a fait le focus uniquement sur l'omoplate!!!

Je ne suis pas radiologue... mais quand même!... j'ai des yeux pour voir.

Aussitôt la rencontre terminée, je suis rentrée chez moi.

Et ce soir-là, j'ai remercié mon créateur.
Il a été bon pour moi. Il m'a donné de belles petites... omoplates... en santé!

C'est l'histoire d'un sein

Mercédez Roberge

C'est l'histoire d'un sein.

Un seul.

Non pas qu'il soit vraiment seul. Mais c'est son histoire à lui. À lui tout seul.

À un seul de mes seins.

Je sais qu'il n'aimerait pas le début de cette histoire. Ça le dérange beaucoup d'être toujours obligé de se justifier d'avoir sa propre histoire. De justifier, dès le début de l'histoire, son existence propre. Son individualité. Toujours à se justifier d'exister. C'est difficile d'expliquer qu'on a une histoire à soi tout seul. D'expliquer qu'on veut son autonomie sans s'isoler pour autant.

Quoique ce sein-là ne trouvait pas grand plaisir à la compagnie de l'autre. Ce n'était pas désagréable, mais il était indifférent à la présence de l'autre. Petit bonheur tranquille. Tragiquement tranquille. Vraiment rien à dire ni rien à redire. Rien non plus qui aurait pu égayer un peu la vie.

Et toujours ensemble. Invariablement deux. Non, il savait que c'était faux. Que ça pouvait être faux. Mais ça ne changeait rien. De savoir que la solitude existe ne rendait pas sa vie plus intéressante. Ça ne rendait pas non plus son compagnon plus intéressant.

Mais c'est l'histoire de ce sein-là. Juste de celui-là.

Celui à gauche. Lorsqu'on est à la place des côtes. C'est celui de gauche. Celui de gauche dans l'image du miroir aussi. C'est important de le situer correctement car, finalement, il était plutôt semblable à celui de droite. À première vue, en tout cas. À vue de miroir aussi. Heureusement qu'il ne m'entend pas. Lui si préoccupé par sa spécificité !

Car il se sentait vraiment différent de l'autre. Vraiment. Mais sans le miroir, il ne l'aurait jamais su. Car il ne se serait jamais vu. Forcément. Puisqu'il regardait devant. Bon, d'accord, un peu vers le sol, mais quand même droit devant lui. Quand même. Enfin, presque droit devant. Mais il ne regardait sûrement pas vers la droite. Ah ! Ça non ! Quand même ! Alors, comment aurait-il bien pu voir l'autre sein ? Et se voir lui-même !

Sans miroir, tout aurait été différent. Son histoire aurait été différente. C'est sûr.

Le fait de se voir différent allait tout chambarder. Et que cette différence existe réellement ou non n'y change rien. Lui, il s'était vu différent. Et le miroir aussi l'avait vu.

De la stupéfaction du début, il en était arrivé au ravissement. De la peur de l'inconnu jusqu'à la fierté. L'orgueil même. Un brin présomptueux.

Il n'était pas pareil. Lui. Il était unique en son genre. Lui. Il se démarquait de l'autre. Son insipide compagnon de tous les jours. Dans toute sa banalité. L'autre était un sein comme les autres. Justement. Alors que lui... c'était vraiment autre chose.

Et de se voir exister comme ça le plongeait dans des questions existentielles. Il se rappelait sa naissance. La sienne. Bon, il supposait que son jumeau était né le même jour que lui, mais de ça, il ne gardait aucun souvenir. C'était il y a vingt-trois ans, quand même.

C'était un souvenir flou. Bien sûr. Difficile de se souvenir de sa naissance. Il faut avoir vécu un peu, quand même, pour se rappeler le début. Un début tellement lent. Tellement discret. Et tardif, semble-t-il. Enfin, c'est ce qu'on lui disait. À lui. Ce qu'on disait à l'autre? Il ne le savait pas. Ils n'en ont jamais parlé. Ils n'ont d'ailleurs jamais parlé de rien.

C'était donc il y a vingt-trois ans. Il n'a jamais compris pourquoi il était né avec tant de retard sur le reste du corps. Pourquoi il n'était pas là lors de la naissance des doigts, des orteils, des oreilles. Pourquoi ce n'était pas comme avec le reste. Pour s'assurer que tous les morceaux soient là... 9 orteils...10 orteils... 1 sein... 2 seins...

Pire encore, pourquoi personne ne semblait s'inquiéter de son absence à la naissance. Mais, dans un sens, il était heureux de ne pas avoir été un objet d'inquiétude dès la naissance du reste du corps. Il ne manquerait plus que ça! Que tout le monde se soit inquiété de son absence durant l'adolescence, c'était déjà suffisant!

Il n'a jamais su si cette naissance tardive, du moins à ce que l'on dit, était responsable de sa discrétion. Ou encore si quelques gènes ou hormones y étaient pour quelque chose. Et, paradoxalement, la présence de l'autre le réconfortait. Pour ça, mais juste pour ça, il était heureux d'être pareil à celui de droite. Pareil, ou presque. Quand même!

Je me souviens des premiers mois de sa vie. Lorsque sa «croissance» n'était pas encore très claire. De jour en jour, il n'était pas trop sûr s'il y avait «croissance» ou «décroissance». Tellement c'était flou.

Ce malaise-là, de ne pas savoir où ça s'en va, ce malaise-là, donc, se vivait en privé. Bien sûr. Il n'en parlait même pas à son compagnon. Pourtant, cela aurait été une bonne idée. De partager ce que chacun vivait de son côté. Pour voir si leurs perceptions se rejoignaient. Pour se rassurer un peu. De toute façon, ni lui ni l'autre n'avaient d'expérience en la matière. C'était leur première fois. Les deux allaient à la découverte de ce qui allait être leur vie. Et, au début, disons que la découverte était bien cachée. À part moi, personne ne s'en apercevait.

Ah! Oui, j'allais oublier. Oui, ils avaient déjà partagé quelque chose, mais ça n'avait pas duré longtemps. Et c'était justement durant cette période de malaise existentiel. C'était une brassière jaune pâle.

À mon avis, le mot brassière était exagéré pour décrire ce petit bout de tissu. Vaguement élastique. Assurément en dentelle cheap. Nettement inconfortable. Franchement inutile.

Enfin, c'est mon avis. Car je sais que pour lui, c'était tout un événement. Un symbole, en fait.

Et, curieusement, il avait accepté de le partager avec l'autre. Ce fut la première et la seule fois qu'ils furent réunis. Ils étaient deux dans cette simili brassière. Et ça semblait être toute une expérience. Un certain sentiment de solidarité. Solidaires face au regard des autres. Mais comme toute bonne expérience, celle-ci ne fut pas répétée.

Je n'ai jamais su si son désir d'indépendance était lié à cette expérience. S'il avait voulu se démarquer par crainte d'une relation fusionnelle avec son jumeau-non-identique ou encore tout simplement par désir de liberté. La liberté de mouvement, en particulier. Oui, c'est ça. Pour la liberté de point de vue, aussi. De pouvoir regarder le monde à sa façon. À partir de là où il était. Lui. Et pas avec une vision bi-oculaire. Il savait pourtant que cette double vision lui aurait permis de voir en trois dimensions. Avec de la perspective, quoi. Je l'ai même déjà entendu dire qu'il préférait voir la vérité en face, et d'un seul œil, que d'être éparpillé et étourdi avec une vision en stéréo.

Ni lui ni moi n'avons jamais demandé à l'autre son opinion à ce sujet. Car il faut bien l'avouer, la démarche d'autonomie du sein gauche s'est peut-être faite sans l'accord du sein droit. Il aurait peut-être aimé ça, lui, voir en stéréo. Profiter de la chaleur de l'autre. Se mettre à l'ombre de temps en temps. En offrir aussi. Faire front commun. Ne pas toujours arriver seul. Avoir quelqu'un à qui parler.

Mais on ne le saura jamais. Car le sein droit ne s'est jamais exprimé. Ni sur ça ni sur rien d'autre. Un silence radio, comme on dit. Vous pouvez me croire, je suis bien placée pour le savoir.

Aucun signe de vie, en fait. Ce qui énerve au plus haut point celui de gauche. Lui qui est en perpétuel questionnement sur l'existence, la sienne uniquement. Mais bon, il se questionne quand même sur l'existence, lui. Il réfléchit à la vie, lui. Il s'auto-analyse lui. Il s'auto-examine aussi. Alors que l'autre. Rien sur rien.

Je comprends pourquoi il tient tant à se distinguer. À avoir sa propre histoire. Des opinions personnelles. Des ambitions. Des états d'âme.

Il n'est pas tendre envers l'autre. Personnellement, je le trouve dur parfois. Lorsqu'il parle de lui comme d'une masse sans vie. Comme d'une bosse informe. Sans caractère. Beige.

Je veux bien l'appuyer dans son processus d'autodétermination, mais je trouve qu'il manque parfois de compassion. C'est son frère, après tout. Son jumeau-non-identique, mais son jumeau tout de même.

Je lui ai souvent suggéré de tenter un rapprochement. De faire les premiers pas. Il me semble que les deux pourraient y trouver leur compte. En devenant complices.

Il faut dire aussi que je suis plus vieille que lui. Je pense donc un peu plus au vieillissement. À la solitude, également. Ça ne m'angoisse pas, mais je me dis qu'il faut mettre toutes les chances de son côté. Pour vieillir avec des complices qu'on aura rencontrés durant son parcours.

Mais, finalement, il n'a pas beaucoup plus que 20 ans, ce sein. Il a encore de bien beaux moments devant lui. Je le comprends de ne pas encore penser au vieillissement. Mais que voulez-vous, notre différence d'âge aura toujours un impact sur notre façon, lui et moi, d'envisager la vie et la vieillesse.

Depuis quelque temps, il y a du nouveau dans la vie du sein gauche.

Il a fait une belle rencontre. Une rencontre avec un autre corps que le mien. Il dort souvent près de ce corps qu'il trouve si doux. Avec qui il se sent de plus en plus complice. Et, chose curieuse, le sein droit commence à s'animer. Lui aussi.

Au début, le sein droit fut tellement surpris qu'il se figea encore plus dans son mutisme. Puis il fut jaloux. Mais ça ne dura pas longtemps. Et d'être en contact avec ce nouveau corps l'amena à prendre conscience de sa propre vie. Parce que lui aussi faisait une rencontre signifiante. Il rencontrait un autre sein droit.

On ne sait jamais pourquoi et, surtout, par quoi l'on s'éveille ou non à voir la vie différemment. Le sein droit ne prenait pas le même chemin que le sein gauche pour s'ouvrir au monde, mais ce n'est pas important. Ils sont tout simplement différents.

Imaginez la fierté du sein gauche de voir sa différence ainsi prouvée !

Je pourrais le prendre de manière personnelle ? Vous croyez ? Que ce nouveau venu soit si populaire auprès de mes deux seins. Bien sûr que non.

Je vois leur bonheur. Je les entends même quelquefois. Et oui ! Maintenant ils se parlent. Ils échangent. Se confrontant quelquefois même, mais toujours en prenant en considération leur différence. Ils se taquinent aussi. Plaisantant au sujet de la lenteur de l'un, de l'indépendance de l'autre, de la candeur de celui qui découvre tout en même temps aux ronflantes réflexions de celui qui en a vu d'autres.

Je regarde leur cheminement comme un spectacle. Avec beaucoup de tendresse. Ils sont sur la bonne voie.

Je suis bien placée pour le savoir.

Prends-toi dans mes bras

JULIE BEAUCHEMIN

Ça fait déjà un p'tit bout que c'est arrivé, mais je m'en souviens encore comme si c'était hier. Je sais que c'est une expression *ben* utilisée, mais y a des fois, c'est vrai, où c'est comme ça. Parce que la chose t'a vraiment marqué. Comme pour cette histoire-là : c'est juste de même.

C'était l'hiver, pis y faisait *frette*. Quelque chose comme moins 40°, je vous jure. Un méchant *frette* de malade. C'qui fait que moi, en revenant de l'épicerie, j'ai décidé de prendre l'autobus, même si chez nous, c'est juste à 12 minutes de marche, pis que l'autobus arriverait pas avant 20 minutes. J'habite à Outremont. Mon épicerie est sur la rue Bernard, pis, pas très loin de là, de l'autre côté de la rue, du côté de l'autobus, y a un café qui s'appelle le *Café Souvenir*. J'sais pas si vous le connaissez... *Anyway*, c'est pas ça l'important. L'important, c'est c'qui s'est passé *su'l* bord de ce café-là où, en face d'une boutique de *cossins* qui viennent de partout sauf d'ici, ils ont installé un vieux banc de parc. Je sais pas si c'est fait pour ça, mais moi je trouve que c'est une *ben* bonne place pour attendre l'autobus, vu que l'arrêt est juste en face. *Facque* j'me suis assise, pis j'ai attendu en regardant l'monde passer *s'a* rue. Le monde qui a l'air *ben* p'tit dans ce coin-là de la ville où on dirait que tu visites *toué* pays en même temps.

À un moment donné, j'ai vu arriver un gars d'un peu moins de trente ans qui marchait dans ma direction. Pis en passant devant le café, y a reluqué du côté de la fenêtre, pis y a envoyé la main... à quelqu'un, j'imagine. Un salut un peu timide, mais comme plein de reconnaissance. Pis tout de suite après, y a changé d'air, y est devenu tout rouge, pis malgré le *frette*, y a enlevé son capuchon de sur sa tête, pis y s'est passé la main dans les cheveux. Comme un peu mal à l'aise, pis en même temps heureux. Au moment où y a eu passé le café, juste avant d'arriver à ma hauteur, y a regardé tout droit devant lui, y a ouvert les yeux comme pour s'assurer qu'y rêvait pas, pis y a enfin libéré sa respiration qu'y retenait depuis l'épisode du capuchon, si on peut dire ça de même.

Y s'est assis à côté de moi, comme pour reprendre son souffle, pis y m'a regardée. Longtemps. Comme si y m'examinait de l'intérieur. Comme si y cherchait à savoir si y pouvait me faire confiance. J'y ai dit : « Bonjour, ça va ? » Y m'a répondu bonjour, pis y a dit que tout ça, ça avait commencé dans sa salle de bain.

Au début du mois de mai, y a deux ans, y étaient dans sa salle de bain à lui. Lui pis elle. Steve et Mélanie. Elle, elle était dans la douche ; lui, il cherchait quelque chose dans la pharmacie. Y était tout content qu'a soit restée chez lui si tard. D'habitude, a partait de bonne heure le matin pour aller jouer à la prof à l'école primaire. Mais ce matin-là, c'était samedi. C'était pas pareil, pis ça faisait du bien. Tout d'un coup, elle lui a dit de regarder dans son sac à main, qu'y avait une p'tite carte. Une p'tite carte que le gynéco y avait donnée. Une p'tite carte qu'on accroche au pommeau de douche pour pas oublier de se faire l'examen des seins.

Le gynéco, y était pas content quand elle était allée le voir. Elle était allée parce que c'était pu possible de vivre. Sinon, elle serait pas allée. S'ouvrir les jambes devant un bonhomme qui vous aime pas, qui vous connaît pas, qui vous sonde avec des gants de latex… Mais ça chauffait dans son antre de femme, quelque chose la brûlait de l'intérieur. Infection. Pas grave. Mais y a dit qu'y fallait qu'elle revienne le voir à tous les ans, qu'elle était trop négligente. Mais comme c'était pas vraiment un rendez-vous, vu que c'était une visite d'urgence, y était pas question de faire les autres tests cette fois-là. Y fallait qu'a prenne un vrai rendez-vous le plus vite possible. Tout de suite, autrement dit. La secrétaire lui a dit : « Pas avant six mois, le médecin est *ben loadé*, pis y va prendre des vacances ; mais comme c'est le meilleur de la clinique, faudrait pas en prendre un autre. » Avant qu'a parte, le docteur est sorti de son bureau, et y a tendu la p'tite carte : « Faites-le tous les mois d'ici à ce qu'on s'revoie. »

Quand Steve a pris la p'tite carte dans ses mains, Mélanie a sorti la tête à travers l'ouverture du rideau pis, le regard plein de sous-entendus, elle lui a dit que toute seule, elle y arriverait pas. Y a regardé la p'tite carte d'un œil intéressé, pis y a tassé le rideau de douche pour la regarder, sa brune de blonde, toute nue, toute blanche, sa prof à lui, déshabillée, offerte, toute perlée de gouttelettes qui roulaient sur son corps de femme, qui s'arrêtaient presque au bout de ses seins pour continuer leur course vers la fente de ses cuisses. Y a même pas enlevé son linge. Y est entré dans la douche presque élégamment, en s'appuyant sur le bord du bain pour pas tomber, pis en gardant ses yeux *ben* accrochés à ceux de sa belle proie de maîtresse d'école, il lui a demandé de lever les bras, comme c'est dit sur la p'tite carte. Pis ses mains se sont posées sur son corps. Le frisson qu'ils ont eu… C'est presque pas *disable*. Pis doucement, *ben* doucement, comme elle aimait ça, pis qu'y savait qu'elle aimait ça, y s'est mis à la caresser. Steve l'aventurier faisait frémir sa blonde, pis ça le rendait le plus heureux des hommes. Y a commencé par les seins, d'abord, comme c'était prescrit, pis y a continué avec tout le reste. Tout le reste. Tout. Son dos, son ventre, ses épaules, ses bras, ses cuisses... « Faut r'garder partout, hen, on sait jamais, j'va te faire une inspection d'expert, tu vas voir. » Y paraît que ça a pas pris de temps que les deux se sont retrouvés couchés au fond du bain à se regarder dans les yeux, pis à se dire qu'ils s'aimaient à la vie à la mort.

Cet événement-là était juste venu confirmer qu'ils avaient pris la bonne décision. Parce qu'y a quelques semaines, Steve avait lancé l'idée qu'ils pourraient peut-être aller habiter ensemble la prochaine année. Que c'était peut-être un peu de bonne heure pour dire des affaires de même, mais que lui, ça y tentait. Mélanie aussi, ça y tentait. *Facque* y avaient décidé de pas renouveler leur bail respectif, de quitter leurs *colocs*, pis y avaient réussi à se trouver un appart dans l'nord de la ville pour le mois de juillet. Y seraient loin de tout, mais y seraient ensemble, c'était tout ce qui comptait.

Le lendemain matin, Mélanie s'est levée de bonne heure pour se laver comme y faut. Pas pour se mettre belle, même si ça avait l'air de ça pareil. Pas pour se mettre belle. Y était pas question que le bon-homme la trouve de son goût, mais y était pas question qu'a passe pour une malpropre non plus. On était déjà le 10 mai. La date maudite entourée de rouge sur le calendrier. Ses six mois de douceurs étaient déjà passés. Elle a failli téléphoner à la clinique pour dire qu'a irait pas, mais a s'est raisonnée. Une fois par année, c'est toujours *ben* pas si pire que ça. Pis si y l'écœurait trop, le bonhomme, a prendrait une femme, même si lui, c'était le meilleur. Une femme, ça doit *ben* plus savoir de quoi ça parle quand ça parle de femme, me semble.

La salle d'attente était bourrée de madames enceintes. Une gang de grosses bedaines bombées, pis sûrement luisantes qui jouaient à la chaise musicale à mesure qu'elles étaient appelées. «L'attente sera pas longue», avait dit la secrétaire. *Facque* a s'était assise juste *su'l* bout de sa chaise pour être prête à rentrer dans le bureau. Déjà prête à en sortir. Assise *su'l* bout de sa chaise aussi parce qu'elle avait mis une jupe. Pas pour faire *cute*, mais pour pas avoir à se déshabiller pour de vrai. Pour avoir une certaine impression de dignité même couchée sur une table, les jambes écartées. A regardait les sourires des grosses bedaines, pis a se disait qu'y avait *ben* juste le bonheur pour fabriquer des sourires de même. Une joie presque trop grande pour être vraie, sûrement parce que ces femmes-là souriaient un peu pour deux. Elle a regardé son ventre à elle, presque indécent de platitude, pis elle a essayé d'imaginer ce que ce serait de sourire de même. Les deux mains sur son p'tit ventre, a s'est mise à s'inventer un rôle de madame, à se dire que ça bougeait en dedans, qu'un p'tit bonhomme ou qu'une p'tite bonne femme y donnait des coups de pieds.

«Mélanie Laroche», a dit la voix qui sortait de nulle part. A s'est levée, pis est entrée dans le bureau du médecin en laissant les grosses bedaines sourire ensemble.

L'examen s'est bien passé. Le docteur avait été *ben* fin, pis *ben* professionnel, elle avait rien à redire là-dessus. Y avait fermé le rideau au moment où elle enlevait ses p'tites culottes, pis y avait donné un genre de serviette pour couvrir ses pudeurs. Au fur et à mesure qu'y faisait quelque chose, y lui disait quoi, si ça allait pincer ou frotter, être froid ou douloureux. Y avait été *ben* fin. Peut-être parce qu'asteur, elle était une vraie patiente, quelqu'un d'important, autre chose qu'un nom sur une liste d'attente d'urgence. En tout cas, ça s'est bien passé. Dans la mesure où ces choses-là peuvent bien se passer.

La première partie s'est bien passée. Parce qu'après, y lui a d'mandé d'enlever son t-shirt pis sa brassière. Ça s'est fait *ben* correctement. J'veux dire, comme pour les p'tites culottes, y a fermé l'rideau, pis y a attendu qu'a y dise qu'était prête. Pis, y a fait ce qu'y avait à faire, le *palpage*, pis *toutte*. Après, y lui a dit de s'rhabiller, pis d'venir le rejoindre dans l'autre partie de son bureau, là où y avait sa table, ses dossiers, son téléphone, sa grosse chaise confortable, pis l'autre p'tite en plastique sur laquelle y lui a dit d's'asseoir.

Y a demandé si elle avait fait ses examens mensuels.

Elle a dit: «...euh, ... oui, *ben* sûr!»

Y lui a dit qu'elle avait une bosse sur le sein droit.

Elle a dit: «Ça doit être un kyste, ma mère...»

Y lui a dit que pour être sûr, elle allait devoir passer d'autres tests. Mammographie, biopsie, pis *toutte*.

Ç'a pas été trop difficile d'avoir une place rapide pour les autres tests, le docteur avait sûrement fait une recommandation d'urgence. Toujours *ben* qu'une semaine après, ses tests étaient passés, pis elle attendait. Elle avait rien dit à Steve, tout à coup que... que toutes sortes

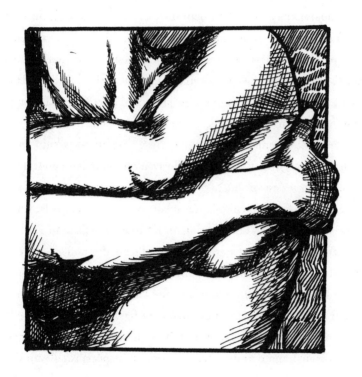

d'affaires... qu'y l'aime pu, qu'y ait peur, qu'y panique si elle était malade pour vrai, qu'y l'engueule, qu'y l'aime pu. Qu'y l'aime pu. Elle savait que c'était pas vraiment son genre, même si y s'connaissaient juste depuis quatre mois, mais elle aimait mieux *freaker* toute seule qu'à deux.

Le spécialiste avait dit que son docteur allait l'appeler quand y aurait reçu les résultats des tests. Que même si y avait rien d'grave, y allait l'appeler. Qu'y fallait pas qu'elle s'inquiète si y lui d'mandait de passer à son bureau, que des fois, c'est juste pour discuter avec la patiente. « Mais que d'autres fois... », elle s'était dit à elle-même.

Pendant la semaine qui a suivi, Steve s'est un peu rendu compte qu'elle *filait* pas, mais y a rien dit. Elle avait pas vraiment l'goût de faire l'amour, mais y s'est dit que c'était des choses qui arrivent, qu'elle était peut-être juste fatiguée vu qu'a travaillait pas mal ces temps-là. En plus qu'elle avait l'air *ben* d'bonne humeur. En tout cas, elle avait l'air.

Trois semaines ont passé avant qu'elle ait des nouvelles du docteur. Trois semaines à faire semblant qu'elle était *ben* d'bonne humeur, pis que si elle avait moins l'goût de faire l'amour, c'était parce qu'était comme irritée à cause de son examen chez l'gynéco. Mettons que l'excuse pouvait pas durer des mois non plus, *facque* elle était *ben* contente de r'cevoir un coup d'fil du docteur. Comme le spécialiste l'avait dit, le doc lui a d'mandé de passer le voir en après-midi pour qu'y lui explique tout ce qu'y avait à y expliquer. Elle savait pas de quoi y voulait parler vu que quand y a appelé, elle était tellement stressée qu'elle a pas posé une seule question.

Elle est r'passée au milieu du cercle de grosses bedaines pour aller s'asseoir sur ce qui était un peu devenu sa chaise, comme si cette chaise-là était plus réconfortante que les autres, comme si elle allait mieux la soutenir vu qu'a la connaissait déjà un peu. Les niaiseries qu'on peut pas s'dire dans des situations d'même. Elle est r'passée au milieu du cercle de grosses bedaines souriantes, pis elle a eu comme peur de jamais avoir d'enfant. Tout à coup que l'doc y dirait quelque chose du genre. Tout à coup que l'intérieur de son corps s'rait obligé de rester vierge toute sa vie. Elle savait rien des maladies. Ça lui était jamais passé par la tête qu'elle s'rait malade un jour. Sa vie était tellement *ben* faite à ses yeux : l'amour, la job, le nouvel appart bientôt. Rien d'épeurant, *toutte* du beau. En regardant les grosses bedaines souriantes, cette fois-là, elle a eu envie d'pleurer, mais elle a pas eu l'temps. Pas plus que de se rendre à sa chaise. Elle avait juste les yeux un peu humides quand elle a vu le docteur devant elle qui lui souriait d'un air de docteur.

Ç'a pas été *ben* long. Ç'aurait pas pu être plus long. Elle aurait pas pu supporter que ce soit plus long. Le docteur y a tout expliqué. C'était l'cancer, pis d'une sorte qui peut avoir tendance à se propager un peu plus vite que les autres. « Qu'y fallait faire en sorte que son corps soit pas envahi, qu'y avait dit. Que d'habitude, ça frappe les femmes plus vieilles, mais qu'y avait toujours une exception à toute règle. » Y a dit aussi que la biopsie avait révélé qu'elle avait deux d'ses gènes qui étaient mal formés ou *queque* chose du genre, que ça, ça pouvait pas mentir. En plus qu'a fumait depuis le début du secondaire, pis qu'elle avait été mens-truée *ben* d'bonne heure. Y a aussi dit que le fait qu'elle ait pas encore eu d'enfant, ça avait pas aidé. Pas eu d'enfant, pas eu d'enfant! C'était-tu de sa faute à elle si l'désir s'était pas manifesté avant? C'était-tu de sa faute si a v'nait juste de trouver l'bon gars? Pis c'était-tu d'sa crisse de faute si elle avait été menstruée d'bonne heure, ostie! Le docteur lui a dit que si elle avait été diagnostiquée six mois avant, ç'aurait peut-être été mieux, mais qu'y fallait pas qu'a s'inquiète, qu'y avait encore des chances qu'a s'en sorte. Là, c'était l'bout d'la marde! Six mois avant, elle était dans son bureau à lui, pis y disait qu'y pouvait pas faire d'autres tests, parce que d'autres *nobody* d'malade ou d'gros ventre attendaient. Que c'était... «le service d'urgence mademoiselle, pas les soins intensifs». Pis *des chances*, ça voulait dire quoi, ça, *des chances*? La chance, c'est pas donné à tout l'monde, t'sais. Pis on est pas au casino, crisse, on est dans un cabinet de médecin!

Le doc avait beau parler, ça y rentrait pas dans tête. Ça y rentrait dans l'corps en maudit, par exemple. Le cancer crotté qui s'était installé dans son p'tit corps de p'tite fille. C'est comme ça qu'a s'sentait: comme une p'tite fille qui vient d'faire un cauchemar, pis qu'y attend que sa mère y dise que c'est pas vrai, que c'est seulement un rêve, qu'a peut v'nir dormir dans l'grand lit avec elle, si a veut.

Comment ça l'cancer, ostie, j'ai juste 29 ans! Ça pas d'crisse d'allure! Qu'est-ce que j'va faire là, hen? Quessé-que-j'va-faire? Voulez-vous me l'dire, câlisse! Pour vous, c'est facile, assis dans votre gros crisse de fauteuil!

Elle aurait *ben* aimé ça y dire *toutte* ça, mais y a rien qui est sorti. Rien. Le souffle coupé, la mort dans face, figée sur place.

Elle aurait *ben* aimé ça dire *toutte* ça à Steve aussi, mais y a rien qui est sorti non plus.

La première chose qu'elle a faite en arrivant chez elle, sans vraiment savoir pourquoi, comme par instinct d'survie, ça été de s'trouver tout de suite un autre appartement, en cachette. Steve pourrait garder celui qu'y avaient choisi ensemble pour le mois de juillet, y faisait *ben* de l'argent, y s'rait capable de l'payer.

Après, quand elle a eu trouvé pis signé, elle a appelé Steve, pis a y a dit que c'était fini. Qu'y avait pas de *comment ça* ni de *pourquoi*, que c'était d'même, pis que c'était *toutte*. Qui devait pas essayer de l'appeler ni de v'nir la voir au travail ou chez elle, que d'ailleurs elle allait déménager.

Elle aurait voulu que ça s'arrête là, qu'y l'aime pas vraiment ou pas assez pis qu'y dise *queque* chose du genre : «C'correct, j'comprends, moi aussi j'trouve, j'voulais t'en parler...» Mais Steve, c'était pas un gars d'même. Steve c'était le genre de gars sincère pis simple. Sérieux pis dévoué. En amour. Elle a été obligée d'y dire *queque* chose qu'elle allait sûrement regretter pour le restant d'ses jours. Pour qu'y arrête d'y poser des questions. Pour qu'y comprenne qu'a valait pas l'coup, qu'était juste destinée à mourir. Mais ça, a voulait pas l'dire, trop orgueilleuse, trop peureuse. A préférait y dire n'importe quoi pour qui s'désintéresse d'elle. Y dire la vérité, ç'aurait été l'obliger à gâcher six mois, deux ans, cinq ans d'sa vie à côté d'elle, à l'aider pis à la supporter dans son refus d'mourir. A savait qu'y était assez fin pour faire ça. *Facque* a y a dit qu'elle avait rencontré quelqu'un d'autre, pis que c'était pour ça qu'elle avait pu l'goût de rien, pu l'goût d'lui ces derniers temps. Qu'a s'en allait habiter avec ce gars-là, pis qu'elle avait jamais aimé d'même de toute sa vie.

Le silence a été long au bout du fil. Trop long. Si Steve avait raccroché le téléphone en l'envoyant chier, ç'aurait été *ben* plus doux, sûrement. Pour elle, en tout cas. Pour lui, le silence signifiait que c'était peut-être pas complètement fini. Qu'elle attendait peut-être juste qu'y dise qu'y l'aimait pour se mettre à pleurer pis y dire que c'était pas vrai, que c'était juste un test. Un test niaiseux en crisse. Un couteau dans l'cœur qui sert à rien. Une connerie d'adolescence pas finie, mais un test. T'sais, la première fois qu'tu décides d'aller habiter avec quelqu'un, tu peux être *ben* mêlé à un moment donné pis t'mettre à dire n'importe quoi. Des fois, on peut être *ben* con. C'était peut-être ça. Elle était peut-être juste en train d'être *ben* conne, c'est *toutte*. *Ben* y a dit : « J't'aime ». Pis c'est là qu'elle a raccroché.

Les jours qui ont suivi, Mélanie a pas répondu au téléphone. J'pense *ben* que Steve a dû laisser au moins cinquante messages. Si c'est pas plus. Y appelait pratiquement aux quinze minutes. Pour savoir pourquoi. Pour savoir comment ça. Comment ça qu'y s'était rendu compte de rien. Pour savoir comment elle allait, au cas où elle aurait besoin d'lui. Au cas. Pour savoir si c'était vrai l'autre gars pis *toutte*. Pour essayer d'y parler au moins une fois avant qu'a déménage. Pis Mélanie, elle, a faisait des boîtes sur fond d'musique poche de radio commerciale, pis a braillait entre deux bières. Mélanie, elle, a criait après Steve qui l'appelait. A y criait d'partir, de l'oublier, qu'a valait pu rien, qu'était déjà morte, qu'y méritait plus que ça. Qu'y s'faisait tellement *cruiser* souvent, beau comme y était, qu'y allait *ben* finir par trouver une belle grande fille blonde ou brune ou rousse pas d'cancer, pas d'mort dans l'corps. Juste d'la vie. Une belle grande fille qui allait y donner l'*flot* qu'a y aurait *ben* donné y a pas trois semaines de ça. Qu'a y avait vraiment pensé dans la salle d'attente. Qu'elle avait presque été *su'l* bord d'y en parler. A y braillait d'arrêter d'appeler. D'arrêter de v'nir sonner à porte aussi. Qu'a répondrait pas. Parce que c'était comme ça. Parce que c'était par amour.

Pis Mélanie a déménagé pas longtemps après. Elle a transporté sa peine ailleurs au centre-ville, juste à côté de l'hôpital, pour que ça soit plus facile. Pis le téléphone a arrêté d'sonner. Les médecins l'ont prise en main rapidement pour qu'a subisse une intervention chirurgicale le plus tôt possible. Malgré ça, elle a continué à aller travailler. À temps partiel, mais quand même. Par principe peut-être ou pour pas mourir toute seule ou *ben* parce que le docteur y avait dit qu'était mieux d'pas s'couper de *toutte* d'un coup. À l'école, les jeunes y posaient toutes sortes de questions. Y voulaient savoir comment ça s'passait, pis si elle allait rester avec eux autres. Parce qu'y l'aimaient, les jeunes. C'était leur maîtresse préférée. Y lui avaient dit une fois dans une grosse carte qui rentrait dans aucune enveloppe. Une grosse carte qu'y avaient envoyée la fois où après l'opération, elle était pas allée à l'école de la s'maine. Que la remplaçante, a remplaçait rien *pantoute*. Que c'était elle la meilleure.

Pis le mois d'juin s'en est allé tranquillement. Steve a fait le ménage de son appart. Défait. Y remplissait ses boites comme un zombie. Pis en passant le dernier coup de balai, y a trouvé, en d'ssous du bain à pattes, la p'tite carte que l'gynéco avait donnée à Mélanie. A prenait trop d'place dans l'porte-poussière à cause de toutes les autres cochonneries qu'y avait ramassées, *facque* y l'a prise dans ses mains pour la jeter à poubelle. Pis c'est là qu'y a cliqué. Sur quoi, y était pas sûr, mais y avait comme un filon d'idée qui s'tramait dans sa tête. Comme quelque chose de logique. Y a ramassé le téléphone, pis y a composé le numéro de la mère de Mélanie. Mme Laroche aurait *ben* voulu rien dire, mais a l'aimait *ben* gros, Steve, pis a comprenait pas pourquoi Mélanie avait réagi d'même. A lui a rien dit non plus, mais elle a répondu à toutes ses questions, en l'aidant même un peu des fois. Mais a y a pas donné le numéro de Mélanie. Ça, a pouvait pas l'faire, même si a pensait qu'elle aurait dû.

Steve a eu *ben* d'la misère à l'faire, mais y a décidé de respecter la décision de Mélanie. Ça a été l'enfer. Y l'aimait tellement, cette fille-là. Sa mère lui avait dit que son état était stable, pis que dès qu'y aurait un changement, a y dirait. Y allait savoir tout ce qu'elle vivait. Ou presque. Y lui avait surtout demandé de pas l'avertir à dernière minute si... *ben* si.. Y voulait pas apprendre sa mort sans s'en douter.

Au début du mois de juillet, les médecins ont averti Mélanie qu'a commencerait des traitements anti-cancer vers le milieu du mois d'août. Au cas où. Que d'ici là, fallait qu'a prenne des forces, qu'a s'nourisse bien, pis qu'a renforce son système immunitaire. Les choses s'étaient tellement passées vite que Mélanie s'était même pas rendu compte qu'elle avait pas eu ses règles encore ce mois-ci. Mais ça voulait rien dire, elle avait tellement été stressée. Un soir, pourtant, en sortant de l'école, elle est passée devant la pharmacie, pis quelque chose de plus fort qu'elle l'a fait entrer en d'dans, pis l'a comme forcée à acheter un test de grossesse. Y fallait qu'a vérifie. Fallait qu'a sache. Elle a su. Elle était pu toute seule.

Y avait un p'tit bonhomme ou une p'tite bonne femme qui allait peut-être y donner des coups d'pieds par en d'dans. Peut-être. Parce qu'y fallait qu'elle en parle avec les médecins. Y ont dit qu'elle était stable en ce moment, mais que ça voulait rien dire, pis que plus a commencerait son traitement tard... *Fuck off*, qu'a s'est dit. J'ai l'choix entre moi pis un p'tit être qui a toute la vie devant lui. *Ben* j'choisis le p'tit.

Le temps a passé vite à partir de là. Dans la tête de Steve, en tout cas. Parce qu'y a jamais su que Mélanie était enceinte de lui. Sa p'tite fille est venue au monde sans qu'y l'sache, pendant que lui était *ben* heureux d'savoir que Mélanie allait bien. Selon sa mère, en tout cas.

Mélanie a commencé ses traitements tout de suite après l'accouchement ou presque, pis en deux mois, tout a été fini. Elle l'avait eue, la fameuse chance. Les dés avaient été d'son bord.

Steve est passé une fois devant l'école de Mélanie. Un p'tit peu plus qu'un an et demi plus tard, quand y a su que tout était terminé. Y est passé *su'l* bord de l'école en regardant par la fenêtre de la classe de Mélanie, pis y l'a vue. Y l'a pas toute vue. A marchait en sens inverse de lui pis, dans sa classe, y avait *ben* des colonnes, c'qui fait qu'y a jamais vu son visage. Juste des p'tits bouts d'elle. Ses cheveux, ses épaules, la courbe de ses reins, pis pu rien. Y a marché sans s'arrêter. Pour pas qu'a l'voit. Pis y a souri, y s'est mis à courir, y a sauté dans les airs en criant comme un enfant, les larmes aux yeux. Sa blonde était guérie.

Quand je l'ai vu passer, moi, devant le *Café Souvenir*, y m'a dit que c'était à la mère de Mélanie qu'y avait envoyé la main, pis qu'après, juste après, mais comme un peu trop tard, y avait vu Mélanie, mais qu'y s'était pas retourné. Par peur. Par papillons dans l'ventre. La main dans ses cheveux, c'était pour elle aussi. Parce qu'y sait pas comment y dire qu'y l'aime encore. Pis y sait pas comment y dire qu'y l'sait pour sa p'tite fille, qu'y l'a vue à un moment donné, pis qu'a y ressemble trop pour qu'a soit pas de lui. Y sait pas comment y dire. Pis y sait pas non plus si y va y dire.

Tout c'qu'y sait, c'est que maintenant, c'est terminé.

Mon autobus est arrivé. Je l'ai salué. Lui y est resté assis *su'l* banc. J'me suis assise su'l bord de la fenêtre, pis au moment où l'autobus démarrait, je l'ai vu s'coller un grand sourire dans face, se l'ver, pis r'partir d'où y était venu.

Je sais pas si y est entré dans l'café.

J'ai pas eu l'temps de l'voir.

La vaillante petite tumeur mauve

Cécile Gagnon

Je suis arrivée ici toute jeune. Dans un sein bien rond. C'est une chouette demeure : douce, toujours chaude et confortable. Même si je réside dans le sein droit, j'entends battre le cœur de celle qui me porte. Ça fait un petit tic-tac rassurant.

J'ai de la chance, celle qui porte les deux seins ne met jamais de bonnets. Tu sais, ces horribles chapeaux qui t'enveloppent et t'empêchent presque de respirer. Moches, moches. Et ridicules. Moi, je suis libre. Je me prélasse, m'étire et je peux suivre sans peine les vagues et les soubresauts. En plus, je suis inondée de crèmes et de lotions qui sentent bon. M-m-mmmmm !

Depuis toute petite, je fredonne une ritournelle que, sans doute, ma mère m'a apprise. Je l'ai toujours sue. Les paroles me reviennent quand je m'ennuie ; d'autres fois, j'en invente une nouvelle sur le même air.

Tu tu tu meur meur meur
rit rit rit pleure pleure pleure
(bis)

Malgré les apparences, la vie n'est pas toujours de tout repos dans un sein. Qu'est-ce que je peux me faire presser et taponner ! Le pire, ce sont les mains des gars qui me palpent, me tripotent, m'aplatissent avec une

fougueuse ardeur. Mais laissez-moi vous dire que le pire des moments vécus, ce fut quand est arrivé un tout petit bébé qui s'est mis à téter. Aïe! J'ai cru que ses petites lèvres goulues allaient m'aspirer carrément. Pas facile de dormir au rythme de six tétées par jour! J'étais épuisée.

Tu tu tu meur meur meur
rit rit rit pleure pleure pleure

Un jour, ça s'est arrêté. Ouf! Puis, j'ai commencé à entendre des voix.

Ru ru ru meur meur meur
Tu tu tu meur meur meur

Et voilà que je me suis fait piquer par une aiguille. Là, je n'étais pas contente. On m'avait piquée! Moi, ravissante petite tumeur mauve, bien au chaud dans sa maison rose! Qu'est-ce qui leur prend?

Ce n'est pas tout. Un bon matin, j'ai vu poindre la lame d'un bistouri et hop! on m'a retirée de ma maison. Allez, va-t'en! Un sacré remue-ménage. Je me suis retrouvée, d'un coup, au pays des tumeurs.

Ah! quel affreux pays! Laid, sale, puant, encombré. Habité de mille tumeurs. Des minis, des petites, des moyennes, des grosses cabossées, plusieurs plus ou moins mal en point attendant leur fin prochaine, et d'autres encore bien actives. Comme moi! Pourquoi m'en voulait-on? J'avais encore le monde à voir, moi!

Je me suis mise à regretter ma belle demeure chaude et tranquille. Mon beau sein rose et doux.

Tu tu tu meur meur meur
rit rit rit pleure pleure pleure
bis bis tou tou ri ri

Après un instant de détresse, je me suis ressaisie en me disant : «Il faut que je me trouve un autre domicile. Et vite». Je chantais ma petite chanson pour me donner du courage.

Tu tu tu meur meur meur
Rit rit rit pleure pleure pleure

J'ai sauté sur le premier venu. J'ai élu domicile dans une jambe. Pas fameux. C'est plein d'os et de muscles. Et puis, je n'ai pas beaucoup d'espace. Ah! que je m'ennuie de mon beau sein rond.

Tu tu tu meur meur meur
Rit rit rit pleure pleure pleure

Une seule chose me plaît ici : c'est que je voyage plus qu'avant. Je suis tout le temps dehors à arpenter les rues.

Un jour d'été, j'ai eu une grande surprise. Je l'ai revu, mon sein d'autrefois. Celle qui m'avait portée s'avançait vers moi sur la rue. Elle souriait. Je l'ai reconnue parce qu'elle avait un sein plus petit que l'autre. Il sautillait moins que le gauche. On s'est croisé.

Ce qu'il y a de surprenant, c'est qu'elle s'est arrêtée. Elle s'est mise à parler avec l'autre. Je me suis étirée pour regarder sa poitrine. Ah! que j'avais envie de sauter et de reprendre ma place. Tout à coup, j'ai entendu ma petite ritournelle:

Tu tu tu meur meur meur
Rit rit rit pleure pleure pleure

Et l'autre de répondre:

Tu tu tu meur meur meur
meurs-tu? meurs-tu? meurs-tu?

Celle au sein coupé a lancé, dans un grand éclat de rire:

Tu tu tu meur meur meur
Rit rit rit pleure pleure pleure
Coupue battue fichue foutue
Salut!

Moi qui avais cru qu'on m'aimait un peu. On vit avec quelqu'un longtemps, longtemps, on pense qu'on est aimé et, un jour, on découvre que ce n'est pas ça du tout. J'en ai conçu un tel dépit que j'ai déguerpi aussitôt. J'ai sauté en dehors de la jambe. J'ai filé au pays des tumeurs sans demander mon reste.

*

C'est la fin de l'histoire de la vaillante petite tumeur mauve. Elle a eu beaucoup de peine. Et on ne l'a plus jamais revue.

La ritournelle, elle, trotte encore dans la tête des femmes aux seins doux et chauds.

Tu tu tu meur meur meur
Rit rit rit pleure pleure pleure
(bis)

Achevé d'imprimer
en octobre deux mille trois, sur les presses
de l'Imprimerie Gauvin, Hull, Québec